ここまできた 小選挙区制の弊害

アベ「独裁」政権誕生の
元凶を廃止しよう！

上脇 博之 [著]

あけび書房

はじめに

　内閣には憲法改正原案の国会への提案権がありません（憲法第96条第1項）ので、内閣総理大臣をはじめ各大臣は、憲法を尊重し擁護する義務を負っている（憲法99条）以上、憲法改正を進める旨の発言をすることは許されません。ところが、自民党総裁の安倍晋三首相は、昨2017年5月3日の憲法記念日に、憲法第9条の第1項・第2項を残し自衛隊を第3項に明記する旨の加憲論を提案しました。

　一方、安倍首相は、昭恵夫人が名誉校長就任予定だった学校法人「森友学園」小学校の建設のために国有地が同学園に違法（財政法違反）に超低額譲渡された疑惑や、理事長が安倍首相のお友達の学校法人「加計学園」の獣医学部新設における「総理のご意向による」特区悪用疑惑につき「丁寧に説明する」と公言してきましたが、実際には説明を丁寧におこなうことはありませんでした。また、衆参各院において野党が上記両疑惑につき真相解明のための証人喚問を要求しても、安倍政権・与党はそれを拒否し続けてきました。

　森友学園疑惑では、近畿財務局と籠池泰典容疑者の交渉の音声データなど新事実が発覚し、価格交渉までおこなっていたことが判明しましたので、森友・加計疑惑で安倍内閣の不支持率が支持率よりも高くなりました。安倍内閣は、このまま追及を受け続けると9条3項加憲を実現しないまま総辞職に追い込まれかねない状態にありました。

　憲法第53条は、「いづれかの議院の総議員の4分の1以上の要求があれば、内閣は、その召集を決定しなければならない」と定めています。民進、共産、自由、社民の野党4党（衆議院は4党の計120人（定数475）、参議院は4党と沖縄の風の計72人（同242））は、昨年6月22日、「加計学園」の獣医学部新設計画を巡る問題の真相解明が必要だとして、憲法第53条に基づき国会開会を要求し

ました。

　しかし、安倍首相は疑惑の追及を恐れて、国会召集を引き延ばしてきました。安倍内閣はやっと臨時国会を召集しましたが、召集した国会の冒頭で疑惑追及から逃亡するために衆議院を解散しました（９月28日）。これでは憲法に基づく野党の国会開会要求に応えたことにはなりません。解散権の濫用でもありますし、審議拒否の逃亡解散は議会制民主主義の否定でもあります。三重に違憲の暴挙でした。

　安倍内閣はこのような違憲の解散権行使を通じて2017年衆議院総選挙（議員定数465）をおこなうに至ったのです（10月22日投開票）。衆議院の小選挙区選挙はこれまでの選挙結果が証明しているように、民意を歪曲して、自民党に過剰代表という不当な特権を与えるものです（本書第２章）。そのことを過去７回の経験（特に2012年と2014年の総選挙）で知っている安倍政権・与党は、その不当な特権の恩恵を再び受けて政権を継続させるために内閣の衆議院解散権を悪用・濫用したのです。そして、自公与党は「３分の２」の議席を不当に獲得し、総選挙後の特別国会で自民党総裁の安倍衆議院議員は再び内閣総理大臣に指名されたのです（11月１日）。

　もっとも、10か月余り前の同年１月、2014年衆議院総選挙の結果に基づき毎日新聞が試算したところ、民進、共産、自由、社民４党が候補者を一本化すれば、計58の小選挙区で与党の現職を逆転する可能性があり、自公与党は総定数475（当時）の「３分の２」（317議席）を大きく割り込み、計270議席前後まで減らす可能性が出てくると報じられました（「次期衆院選　野党協力で逆転58区　14年基に試算」毎日新聞2017年１月４日７時30分）。

　2016年参議院通常選挙で一定の成果を出した「市民と野党４党の共闘」を邪魔して、結果的に自公与党の圧勝を生み出し安倍首相退陣を阻止したのは、護憲の民進党議員を排除した「希望の党」（小池百合子代表・当時）の立ち上げ（９月27日）と同党の総選挙への立候補でした。自民党の補完政党である「希望の党」と「日本維新の会」は、総選挙で東京と大阪では候補者調整をおこない、立憲野党共闘の候補者が立候補している選挙区で候補者を擁立しました。

自民党は総選挙で「憲法改正については、国民の幅広い理解を得つつ、……自衛隊の明記、教育の無償化・充実強化、緊急事態対応、参議院の合区解消の４項目を中心に、党内外の十分な議論を踏まえ、……初めての憲法改正を目指す」と公約に明記しました。

　ところが、安倍自民党総裁は選挙応援で改憲を語ることはありませんでした。また、自公両党は小選挙区選挙でも比例代表選挙でも過半数の得票を獲得してはいませんので、安倍政権・与党は主権者国民の信任を得ているわけではありません。

　にもかかわらず、自民党は、総選挙後、年明け（2018年）の通常国会で改憲原案を提出する方向で動き出しました。公明党の議員のほか、「日本維新の会」や「希望の党」の改憲議員らを加えると、改憲勢力は改憲の発議に必要な「３分の２」を確実に充たすおそれがあります。

　そもそも衆議院議員や参議院議員は主権者国民の代表者ですから、議員を選出する選挙制度は議員のためにあるのではなく、主権者国民のためにあるのでなければなりません。党派的にも中立・公正なものでなければなりませんし、憲法の要請に合致するものでなければなりません。

　憲法は国民主権主義と議会制民主主義を要請していますが、それは、普通選挙の採用だけでは成立しません。国民の一部だけが選挙権を有する制限選挙を否定し、国民の大多数が選挙権を有する普通選挙を採用した以上、民意が国会（衆参各院）に正確・公正に反映されることが不可欠です。一部の民意しか国会に反映されないようであれば、普通選挙を採用している意味はなくなってしまいますから、憲法は、一部の民意しか国会に反映されない結果を招く選挙制度の採用を禁止しているのです。

　また、原則対等の二院制を採用している以上、その二院制に相応しい選挙制度の採用を要請しており、二院制・参議院の存在意義を事実上否定する結果を招く選挙制度の採用を禁止しているのです（本書第４章）。

　しかし、小選挙区選挙はそれに反する選挙制度です。民意を歪曲し与党の過剰代表により「虚構の上げ底政権」をつくり出してきたからです。安倍政権・

はじめに　③

与党が「３分の２」の議席を獲得して圧勝し、二院制・参議院の存在意義を事実上否定できるに至ったのは、民意の結果ではなく、違憲の選挙制度のお陰にすぎないのです。このことは小選挙区選挙導入以降同様に起こってきた異常状態です。したがって、今の日本は決して議会制民主主義の国とは言えません。

安倍政権はこれまで立憲主義を蹂躙する違憲の法律（例えば、安保関連法＝戦争法や共謀罪法＝現代版治安維持法）を制定してきましたが、それは、憲法の要請する議会制民主主義の選挙制度に基づきおこなわれたわけではありません。自公与党は、違憲の選挙制度のお陰で立憲主義と民意を蹂躙してきました（本書第３章）。

つまり、民主主義の結果として立憲主義が蹂躙されたのではなく、民主主義が実現していない結果として立憲主義と民意が蹂躙されたのです。「独裁」国家と実質的には変わらない政治です。

自民党などの改憲政党は、今後そのお陰で「憲法改正の限界」を超える違憲の改憲（憲法改悪）の実現を狙っているのです。この憲法改悪を阻止するためには、今後の国政選挙や国会において「市民と立憲野党の共闘」が不可欠ですが、それだけではなく、小選挙区制が如何に問題で危険であるのか、違憲であるのかを再確認し、小選挙区制の廃止を含め選挙制度を抜本的に見直させる民主主義運動が不可欠です（本書第４章・第５章）。

皆様、是非とも本書を一読いただき、主権者として憲法を取り戻し、憲法と民意に基づく議会制民主主義を実現する大きな一歩を、一緒に踏み出そうではありませんか。

ここまできた小選挙区制の弊害

もくじ

はじめに　1

第1章　衆参の選挙制度の仕組み

1　国民主権主義、選挙権、被選挙権 ·························· 10
国民主権は本来、直接民主主義
やむを得ず議会制を採用
納税額に関係なく保障される普通選挙
天皇主権から国民主権へ
衆議院と参議院の二院制
選挙権とその保障の最低年齢
被選挙権とその保障の最低年齢
在外日本人の選挙権と定住外国人の地方選挙権

2　議員定数と選挙制度 ························· 17
代表者として選出する議員数が議員定数
選挙区制とは
日本独特な制度としての中選挙区制
単記投票制、連記投票制、比例代表制
外国の選挙制度

3　衆議院の選挙制度の仕組み ······················ 20
比例代表制を付加した小選挙区制

4　参議院の選挙制度 ····················· 24
衆議院の選挙制度と類似
現在の衆参の選挙制度

第2章　衆院小選挙区選挙と 参院選挙区選挙の問題点

1　小選挙区での膨大な死票と低い投票率 ························· 28
死票は民意の切り捨て
有権者の投票意欲減退

2　小選挙区選挙による「虚構の上げ底政権」 ···················· 31
　　得票率と議席占有率の乖離は民意の歪曲
　　「作られた多数派」「虚構の上げ底政権」

3　二院制と矛盾する選挙結果 ···················· 36
　　二院制の意義を喪失させた小選挙区選挙
　　国民の信任を得ていない安倍自公政権・与党

4　民意を歪曲する参議院選挙区選挙 ···················· 41
　　参議院選挙区選挙は小選挙区選挙に類似
　　選挙区選挙で過剰代表と過少代表
　　「市民と野党の共闘」の影響
　　比例代表選を含めても過剰・過少代表

5　逆転現象の危険性 ···················· 44
　　得票率と議席占有率の逆転現象
　　第二党以下の逆転現象

6　政権交代を阻んできた小選挙区制 ···················· 47
　　政権交代を阻んできた可能性
　　政権の枠組みが変わった可能性

第3章　立憲主義・民意の蹂躙、国民生活の破壊

1　保守二大政党化画策の失敗と民意の多党状態 ···················· 49
　　「つくられた保守二大政党制」の崩壊
　　民意は多党状態
　　自民党員数はピーク時の18%

2　自民党のバブルな政治資金と「政治とカネ」問題 ··············· 54
　　衆参選挙結果に連動している政党交付金（政党助成金）
　　自民党の政治資金はバブル状態
　　過剰交付される政党交付金
　　発覚し続ける「政治とカネ」問題
　　高額な使途不明金・裏金支出問題

3　立憲主義と民意の蹂躙 ……………………… 61

　　国民の多数と国会の多数の逆転現象

　　日米安保体制のグローバル化

　　立憲主義の蹂躙としての「解釈改憲」「立法改憲」

　　民意の蹂躙

4　格差社会を生み出した「聖域なき構造改革」 ………………… 66

　　大企業のための新自由主義政策

　　ワーキングプアの連鎖

　　生存権侵害としての生活保護費の削減

　　防衛費の膨張と武器輸出の国策化

第4章　憲法が禁止・要請している選挙制度

1　「国会の自由裁量」論は間違い ………………………… 70

　　裁判所は「立法府の裁量」と考えている

　　選挙制度は「実質的な意味での憲法」（最高法規）

　　国会の多数派の暴走に歯止めを

2　選挙制度についての憲法要請 ……………………… 72

　　議会制民主主義からの要請（社会学的代表）

　　社会学的代表に適合する選挙権・被選挙権

　　「投票価値の平等」からの要請

　　原則対等な二院制からの要請

　　権力分立制・議院内閣制からの要請

　　現代的権力分立制からの要請

3　憲法の要請に反する選挙制度と充足する選挙制度 …………… 77

　　衆議院小選挙区選挙や参議院選挙区選挙は憲法違反

　　裁判所は違憲・無効と判決すべき

　　比例代表制が最も中立公正

4　供託金制度、立候補制限の問題 ……………………… 80

　　被選挙権の保障と矛盾する供託金制度

　　比例代表選挙の不当な立候補要件

第5章 議員定数削減と改憲論への批判、選挙制度改革私案

1 保守政党が議員定数削減を叫ぶ理由 ……………………… 84
　　財界の完全小選挙区制の要求
　　財界への応答と目先の選挙対策

2 国会議員は少なすぎる ……………………… 86
　　国際的には日本の国会議員は少ない
　　終戦直後と比較しても少ない
　　国会議員はムダではない
　　官僚依存政治から脱却するなら国会議員の増員を

3 見直しを求める世論 ……………………… 89
　　2012年総選挙のマスコミ報道
　　選挙制度の見直しを求める世論
　　国会は動かず

4 どのような比例代表制がいいのか ……………………… 91
　　様々な比例代表制
　　議員定数は多いほど良い
　　衆議院は定数600比例代表制、参議院は定数300比例代表制に
　　衆議院は10万票に、参議院は30万票に1議席

5 ベターな選挙制度改革案 ……………………… 97
　　超過議席なしの併用制、中選挙区比例代表併用制
　　参議院の大選挙区比例代表併用制
　　「9ブロック非拘束名簿式比例代表制」案

6 選挙制度の改憲論への批判 ……………………… 100
　　「参議院の合区解消」の改憲論とその問題点
　　「一院制」論とその問題点

あとがき 102

第1章
衆参の選挙制度の仕組み

1 国民主権主義、選挙権、被選挙権

●国民主権は本来、直接民主主義

　世界史において先進国では、フランス革命（1789年）等いわゆる市民革命が起きる前は、国王（君主）が権力を行使する君主主権でした。しかし、市民革命を経て君主主権の政治体制（君主制）は、君主以外の人々（国民）が主人公となる国民主権へと変わりました。君主主権が国民主権へと変わったということは、国民が権力を持っていることになりますから、当然、主権者国民はその権力を行使できることになります。

　もっとも、権力を行使するといっても、君主主権のときであれば一人の君主の意思に基づいて権力が行使されることになりますが、国民主権のもとでは主権者である国民は大勢いますから、国民全員で話し合いをして物事を決定して権力を行使することになります。つまり、民主主義です（直接民主主義）。

●やむを得ず議会制を採用

　もっとも、国民の人口が多すぎたり、国土が広すぎたりすると、あるいはまた生活様式が多様化すると、直接民主主義は事実上実行できません。国民が全

員、どこか一つの場所に集まって、とことん話し合いをして重要な決定をすることは、実際できないからです。

そこで、やむを得ず、主権者国民の意思を代表して権力を行使するための国家機関である議会を設けることが必要になるのです（代表制、議会制）。

君主主権のもとでも議会はありましたが、国民主権のもとでの議会は、それとはまったく意味が異なります。君主主権における議会は、国民のためにあるわけではありませんでした。主権者である君主一人のため（君主を手助けするため）、あるいは君主以外の特権階級のためにあったのですが、国民主権における議会は、主権者国民のためにあるのです。ですから、国民主権における議会は国民の意思を反映した代表者によって構成されなければならないのです。

● 納税額に関係なく保障される普通選挙

主権者国民の意思を代表している議会は大勢の議員で構成されます。主権者国民がその議員らを選出するのが選挙です。その選挙は政治的な判断能力を有する成人によっておこなわれます。つまり、成人に選挙権が保障されるのです。これを普通選挙と言います。

この普通選挙は、一定額以上の納税をしている裕福な人々しか選挙権が保障されていなかった制限選挙を否定して誕生しましたが、男子しか選挙権は保障されず、女子には選挙権が保障されなかった時代もありました（男子普通選挙）。

例えば、フランスの1791年憲法は「国民主権」なのに、"財産のない者は教養もない"等の理由で制限選挙でした。その後、無産者の選挙権獲得運動の結果として1848年に男子だけの普通選挙になり、女子を含めた普通選挙が実現するのは1945年でした。

● 天皇主権から国民主権へ

日本史において、戦前の大日本帝国憲法（1889年2月11日発布、翌1990年11月29日施行）のもとでは、天皇が主権者でした。つまり、天皇主権という名の君主主権でした。議会はありましたが、帝国議会と呼ばれ、主権者である天皇のために存在していました。この帝国議会は、衆議院と貴族院で構成される二

第1章　衆参の選挙制度の仕組み

院制でした。貴族院の議員は当時の国民（「臣民」と呼ばれていました）による選挙で選ばれたわけではありませんでした。

　衆議院の議員は選挙で選ばれていましたが、その選挙は制限選挙でした。例えば、年齢満25歳以上で、直接国税15円以上の納税者しか選挙権がなかった時代があり、選挙権を有している国民（「有権者」と言います）は国民のわずか1％程度でした。

　1925年には普通選挙を採用しましたが、それは25歳以上の男子だけのものでした（男子普通選挙）。女性には選挙権が認められなかったので、有権者は国民の20％程度しかいませんでした（表1-1を参照）。

表1-1　衆議院議員総選挙における有権者数等

選挙	有権者数	全人口に対する比(％)	選挙人資格
第1回　1890年（明治23年）7月1日	45万人	1.1	25歳以上、直接国税15円以上（1889年）
第7回　1902年（明治35年）8月10日	98万人	2.2	直接国税が10円以上になる（1900年）
第14回　1920年（大正9年）5月10日	307万人	5.5	直接国税が3円以上になる（1919年）
第16回　1928年（昭和3年）2月20日	1241万人	20.0	納税要件撤廃・男子普通選挙（1925年）
第22回　1946年（昭和21年）4月10日	3688万人	48.7	20歳以上、婦人参政権（1945年）
第42回　2000年（平成12年）6月25日	1億0049万人	80.0	在外選挙制度の創設（当分の間比例のみ）
第45回　2009年（平成21年）8月30日	1億0395万人	81.4	在外選挙制度が小選挙区に拡大

出典：選挙制度研究会編『実務と研究のためのわかりやすい公職選挙法（第15次改訂版）』（ぎょうせい・2014年）7頁に上脇が加筆。

　女性も含めた真の普通選挙が実現するのは、1945年8月に侵略戦争で敗北し、民主主義と基本的人権の保障などを明記した「ポツダム宣言」を受諾した後です。同年の法律改正によって、20歳以上の男女成年者に選挙権が認められ、戦後第1回の衆議院議員選挙（1946年4月）は男女平等の普通選挙でおこなわれました。それまでの婦人参政権獲得運動の成果でもありました。

　その選挙で選出された衆議院議員らで「制定」された、戦後の日本国憲法

（1946年11月3日公布、1947年5月3日施行）は、天皇主権を否定して国民主権を採用し、天皇は日本国および日本国民の象徴にすぎない存在になりました（前文・第1条）し、公務員を選定罷免する権利（選挙権）を「国民固有の権利」として保障し、成年者（男女の成人）による普通選挙を採用し、投票の秘密も保障しています（第15条第1項・第3項・第4項）。

日本国憲法の規定

前文

　日本国民は、正当に選挙された国会における代表者を通じて行動し、われらとわれらの子孫のために、諸国民との協和による成果と、わが国全土にわたつて自由のもたらす恵沢を確保し、政府の行為によつて再び戦争の惨禍が起ることのないやうにすることを決意し、ここに主権が国民に存することを宣言し、この憲法を確定する。そもそも国政は、国民の厳粛な信託によるものであつて、その権威は国民に由来し、その権力は国民の代表者がこれを行使し、その福利は国民がこれを享受する。これは人類普遍の原理であり、この憲法は、かかる原理に基くものである。われらは、これに反する一切の憲法、法令及び詔勅を排除する。……

〔天皇の地位と主権在民〕

第1条　天皇は、日本国の象徴であり日本国民統合の象徴であつて、この地位は、主権の存する日本国民の総意に基く。

〔公務員の選定罷免権、公務員の本質、普通選挙の保障及び投票秘密の保障〕

第15条　公務員を選定し、及びこれを罷免することは、国民固有の権利である。

2　すべて公務員は、全体の奉仕者であつて、一部の奉仕者ではない。

3　公務員の選挙については、成年者による普通選挙を保障する。

4　すべて選挙における投票の秘密は、これを侵してはならない。選挙人は、その選択に関し公的にも私的にも責任を問はれない。

第1章　衆参の選挙制度の仕組み

● 衆議院と参議院の二院制

　終戦直後でも日本の有権者の数は3600万人を超えていましたから、その全員が一堂に会して議論し物事を決定することは事実上不可能なので、主権者国民の代表機関である議会を持っています。この議会を国会と呼びます。

　国会は衆議院と参議院で構成される二院制です（憲法第42条）。いずれの議員も、主権者国民によって選ばれます。衆議院の議員であり、かつ参議院の議員でもある、ということはできません（憲法第48条）。議員は、いずれかの議員でしかありえないのです。

　衆議院議員の任期は4年ですが、衆議院は任期満了前に解散される場合があります。衆議院が解散されると参議院も同時に閉会となりますが、国の緊急時には参議院の緊急集会を開催することも可能です（憲法第45条・第54条・第69条）。衆議院議員の選挙は総選挙と呼ばれます。

　参議院議員の任期は6年で任期満了前の解散はありません。参議院議員を選出する選挙は3年ごとに半数が改選されます（憲法第46条）から、通常選挙と呼ばれます。主権者国民からすると、参議院通常選挙は3年ごとにおこなわれることになります。

日本国憲法の規定

〔二院制〕

第42条　国会は、衆議院及び参議院の両議院でこれを構成する。

〔両議院の組織〕

第43条　両議院は、全国民を代表する選挙された議員でこれを組織する。

　2　両議院の議員の定数は、法律でこれを定める。

〔衆議院議員の任期〕

第45条　衆議院議員の任期は、4年とする。但し、衆議院解散の場合には、その期間満了前に終了する。

〔参議院議員の任期〕

第46条　参議院議員の任期は、6年とし、3年ごとに議員の半数を改選する。

〔両議院議員相互兼職の禁止〕

第 48 条 何人も、同時に両議院の議員たることはできない。

〔総選挙、特別会及び緊急集会〕

第 54 条 衆議院が解散されたときは、解散の日から 40 日以内に、衆議院議員の総選挙を行ひ、その選挙の日から 30 日以内に、国会を召集しなければならない。

2 衆議院が解散されたときは、参議院は、同時に閉会となる。但し、内閣は、国に緊急の必要があるときは、参議院の緊急集会を求めることができる。

3 前項但書の緊急集会において採られた措置は、臨時のものであつて、次の国会開会の後 10 日以内に、衆議院の同意がない場合には、その効力を失ふ。

〔不信任決議と解散又は総辞職〕

第 69 条 内閣は、衆議院で不信任の決議案を可決し、又は信任の決議案を否決したときは、10 日以内に衆議院が解散されない限り、総辞職をしなければならない。

● 選挙権とその保障の最低年齢

　選挙権とは、①選挙人の資格を与えられる権利であり、②選挙における投票権が含まれますが、それらだけでは十分ではないでしょう。それらに加えて、選挙に関する憲法の要請から、③公正かつ正確に民意を反映する選挙制度の下で投票する権利、④公正かつ正確に民意を反映する選挙制度の採用を要求する権利も選挙権に含まれている、というのが私の立場です（本書第 4 章を参照）。

　選挙権が保障される成人の最低年齢20歳については、国際的には18歳が一般的なので、日本でも引き下げるべきであると主張されてきました。しかし、なかなか実現されませんでした。ところが、憲法改正のための国民投票では満18歳以上の者が投票権を有することになり、その後、選挙権の最低年齢も、満20歳から満18歳に引き下げる公職選挙法改正案が2015年6月に成立した結果、国政選挙としては2016年の参議院通常選挙から18歳選挙になり、2017年の衆議院総選挙も18歳選挙でおこなわれました。

● 被選挙権とその保障の最低年齢

　主権者国民は、選挙権が保障されているだけではなく、選挙に自由に立候補することもできます。納税額や性別に関係なく誰でも一定の年齢以上になれば、立候補できます。普通選挙のもとでは当然のことです。これが被選挙権です。

　この被選挙権とは、①選挙に立候補できる資格であり、②立候補する権利です。しかし、それだけでは不十分なので、③公正かつ正確に民意を反映する選挙制度の下で立候補する権利も被選挙権に含めるのが、私の立場です（本書第4章を参照）。

　もちろん、立候補しただけで議員になれるわけではなく、選挙で当選して初めて議員になることができるのです。

　被選挙権が保障される最低年齢については、選挙権のそれよりも高く、衆議院議員では25歳、参議院議員では30歳と、法律（公職選挙法）で定められています（表1-2を参照）。選挙権については、最低年齢が18歳に引き下げられましたが、被選挙権の最低年齢については引き下げられず、従来のままです。

表1-2　選挙における年齢要件

選挙	年齢要件
衆議院議員	25 歳以上
参議院議員	30 歳以上
都道府県議会議員	25 歳以上
都道府県知事	30 歳以上
市町村議会議員	25 歳以上
市町村長	25 歳以上

● 在外日本人の選挙権と定住外国人の地方選挙権

　日本における現在の人口は1億2600万人を超えています。公職選挙法が1998年に改正され、日本国籍を有し外国に在住する国民（在外日本人）にも衆参の比例代表選挙での選挙権（投票権）を保障した2000年の衆議院議員総選挙

では国民の80％の人々（約1億人）が有権者でした（表1-1を参照）。

　在外日本人に衆議院の小選挙区選挙や参議院の選挙区選挙への投票権を保障しないことについて最高裁判所は2005年に憲法違反だとの判決を下しました（2005年9月14日最高裁大法廷判決）ので、現在では、これらの選挙についても在外日本人は投票権が保障されています。

　一方、日本に永住し税金を納めている外国人（永住・定住外国人）について、最高裁は1995年に、憲法がその国政および地方の選挙権を積極的に保障してはいないものの、地方の選挙権については立法でそれを付与しても憲法違反にはならないと判断しました（1995年2月28日最高裁第3小法廷判決）。

　しかし、いまだに、それを保障する法律改正はなされていません（私見は、上脇博之『政党助成の憲法問題』（日本評論社・1999年、終章第1節を参照）。

2 議員定数と選挙制度

● 代表者として選出する議員数が議員定数

　議員定数とは、選挙権を有する者（有権者）が代表者として選出する議員の数のことです。現在、衆議院議員の定数は465で、参議院議員の定数は242です。これは、憲法ではなく、法律（公職選挙法）で明記されています。

　全国を一つの選挙区にする場合には、その議員定数がそのまま議員定数になりますが、選挙区が複数ある場合には、選挙区ごとに各議員定数があります。それぞれの選挙区の議員数を事前に定める方法と投票数に応じて投票後に確定する方法があります。厳格な言い方をすれば、前者の方法による場合の議員数を議員定数と呼びます。なお、全国の議員定数を事前に定めず、投票数に応じて決める方法もあります。

● 選挙区制とは

　小選挙区選挙とは一つの選挙区から一人だけ代表者（議員定数1）を選出す

第1章　衆参の選挙制度の仕組み　17

る選挙であり、その選挙で全体が成り立っている選挙制度を小選挙区制（一人区制）と呼びます。得票が一票でも多い候補者が当選するもの（相対多数制）と、過半数の票を得た候補者が当選するもの（絶対多数制）があります。

　大選挙区選挙とは、一つの選挙区から複数の代表者を選出する選挙であり、そのような選挙で全体が成り立っている選挙制度を大選挙区制と呼びます。

● 日本独特な制度としての中選挙区制

　中選挙区制とは、大選挙区制の一つで、議員定数が３〜５（定数３、定数４、定数５の選挙区）で全体が成り立っている選挙制度です。衆議院議員を選出するために採用され、国際的にもまれな選挙区制であり、日本独特のものでした（ただし、実際には１人区、２人区、６人区もありました）。

　この中選挙区制は戦前も採用されていましたが、戦後1947年から再スタートし、1994年の「政治改革」まで、ほぼ半世紀続きました。総定数は当初466でした。最高512のときもありました（表1-4を参照）。中選挙区制は、大政党だけではなく小政党も議席をある程度獲得できたので、準比例代表制的な機能を果たしてきたと評されてきました。

● 単記投票制、連記投票制、比例代表制

　小選挙区制では、当選者は各選挙区で一人だけですから、有権者は複数の候補者のなかから一人の候補者だけに投票します（単記投票制）。一番得票数の多かった候補者が一人当選します。１票でも多ければ当選する単純小選挙区制と、過半数の得票がなければ当選しない小選挙区２回投票制があります。

　選挙区における当選者が各選挙区で複数人ある大選挙区制では、有権者は、候補者個人に投票する場合と政党や政治団体等に投票する場合があります。

　前者の場合には、複数の候補者のなかから一人の候補者だけに投票する方法（単記投票制）と、複数の候補者に投票する方法（連記投票制）があり、連記投票制の方法には、議員定数と同じ数の候補者に投票するやり方（完全連記投票制）と議員定数よりも少ない数の候補者に投票するやり方（制限連記投票制）があります。いずれの場合も、得票数の多かった順に議員定数の数だけ当選者が決まります。日本では単記投票制が採用されています。

また、投票を他の候補者に譲り渡せる方式（移譲式）と譲り渡せない方式（非移譲式）があります。

　さらに、大選挙区制において、政党や政治団体等に投票するものとして、いわゆる比例代表制があります。当選者の数は、比例代表名簿を提出した政党等の得票数に比例して政党等の当選者が決まります。

　これには、政党等が比例代表名簿に登載した候補者の順位を政党等が事前に決定する方法（拘束名簿式）と当該順位を有権者が投票によって決定する方法（非拘束名簿式）があります。有権者に複数の投票を認め、異なる政党等の候補者への投票を可能にする方法（自由名簿式）もあります。

　投票の際の記載の方法としては、有権者が投票用紙に候補者の氏名または政党名等を記載する方法と、全ての立候補者の氏名、政党名の記載されている投票用紙に有権者がしるしを付けて投票する方法があります。日本では前者の方法が採用されています。

●外国の選挙制度

　アングロ・サクソン諸国（イギリスやアメリカ）では基本的に小選挙区制ですが、ヨーロッパ大陸諸国では基本的には比例代表制を採用している国が多く、比例代表制では、拘束名簿式を採用している国と非拘束名簿式を採用している国が多く、自由名簿式は少ないようです（表1-3を参照）。

　ドイツなどの小選挙区比例代表併用制は、基本は比例代表制ですから、小選挙区制を内包した比例代表制と呼んだ方が分かりやすいでしょう。

表1-3　諸外国の下院（または一院）の選挙制度

選挙制度	採用国
単純小選挙区制	アメリカ（一部、小選挙区2回投票制）、イギリス、カナダ
小選挙区2回投票制	フランス
グループ代表選挙制［一種の完全連記制］（一部、単純小選挙区制）	シンガポール
選択投票制（小選挙区優先順位付き連記制）	オーストラリア
小選挙区比例代表組み合わせ型［補償議席型］	ハンガリー
小選挙区2回投票比例代表並立制	メキシコ、韓国、日本
自由名簿式比例代表制	スイス（一部、単純小選挙区制）、ルクセンブルク
小選挙区比例代表併用制	ドイツ、ニュージーランド
単記移譲式比例代表制	アイルランド
非拘束名簿式比例代表制	オランダ、ベルギー、オーストリア（一部、拘束名簿式比例代表制）、スウェーデン、デンマーク、フィンランド、ノルウェー、ギリシャ（一部、拘束名簿式比例代表制）ポーランド、チェコ、スロバキア
拘束名簿式比例代表制	イタリア（一部、単純小選挙区制、非拘束名簿式比例代表制）、ロシア、スペイン（一部、単純小選挙区制）、ポルトガル、アイスランド、トルコ

出典：三輪和宏「諸外国の下院の選挙制度」『レファレンス』2006年12月号および佐藤玲「諸外国の選挙制度」『調査と情報』721号（2011年）を基に上脇が作成。

3 衆議院の選挙制度の仕組み

●比例代表制を付加した小選挙区制

　衆議院議員を選出する選挙制度は、1994年「政治改革」により、それまでの中選挙区制から小選挙区比例代表並立制へと「改革」されました。

　この制度においては、小選挙区制と比例代表制の両方が採用されており、本来、小選挙区選挙と比例代表選挙が同時におこなわれ、それぞれ別々に当選者を選出するものです。ところが、日本で採用されている「並立制」では、小選

挙区選挙と比例代表選挙が完全に分離されていません。有権者は各選挙に投票できるものの（2票制）、比例代表名簿に登載された候補者も小選挙区選挙に立候補できる（重複立候補）からです。

議員定数は中選挙区制時代、最高512であったときもありましたが、1994年「政治改革」で500に減員され、その後480に、さらに475に減員され、現在は465です。したがって、現在、衆議院には465名の議員がいることになります。

このうち、小選挙区選挙の議員定数は300でスタートし、その後295に減員され、現在は289です（表1-4を参照）。したがって、現在、小選挙区は289あるのです（図1-1を参照）。小選挙区選挙は、1票でも多く獲得した候補者が当選する単純小選挙区制です。

表1-4　衆院の選挙制度の大まかな歴史

時期	選挙制度	議員総定数	議員定数内訳	選挙年
戦後〜1993年	中選挙区制	466〜512	各選挙区原則3〜5（例外あり）	1947年〜1993年
1994年「政治改革」以降	小選挙区比例代表並立制	500	小選挙区300、比例代表200	1996年
		480	小選挙区300、比例代表180	2000年〜2012年
		475	小選挙区295、比例代表180	2014年
		465	小選挙区289、比例代表176	2017年〜

比例代表選挙は11ブロックで、ブロック毎に各議員定数があり拘束名簿式。

なお、2020年におこなわれる大規模国勢調査に基づき「アダムズ方式」導入の法律改正が2016年5月に成立しています。「アダムズ方式」とは、アメリカの第6代大統領ジョン・クィンシー・アダムズが考案した、各選挙区の人口を「一定数」で割り、出た商に応じて議席数を振り分ける計算式です。2020年国勢調査の確定値は翌年秋に発表される見込みで、この方式による議席配分で衆院選がおこなわれるのは2022年以降となる見通しです。

比例代表選挙の議員定数は、当初200でしたが、その後180へと減員され、現在は176です（表1-4を参照）。選挙区はブロック制が採用されており、11の

第1章　衆参の選挙制度の仕組み

ブロック毎に議員定数が定められています。各ブロックの議員定数は人口数に応じて決められているので、人口変動があると変更されます。例えば、近畿ブロックの現在の議員定数は28です（表1-5を参照）。

　各ブロックの比例代表名簿の登載者の順位は事前に政党等が決めている拘束名簿式です（拘束名簿式比例代表制）。有権者は投票用紙に、小選挙区選挙では候補者名を、比例代表選挙では政党（政治団体）名を、それぞれ記します。

　比例代表選挙の議員定数は小選挙区選挙のそれよりも少ないうえに、ブロック制を採用しており、ブロックごとの議員定数はさらに少なくなるため、比例代表選挙における民意の正確な反映という長所が減殺されています。

表1-5　衆院比例代表の各選挙区別定数（定数176人）

ブロック	都道府県	定数
北海道	北海道	8
東北	青森／岩手／宮城／秋田／山形／福島	13
北関東	茨城／栃木／群馬／埼玉	19
南関東	千葉／神奈川／山梨	22
東京都	東京	17
北陸信越	新潟／富山／石川／福井／長野	11
東海	岐阜／静岡／愛知／三重	21
近畿	滋賀／京都／大阪／兵庫／奈良／和歌山	28
中国	鳥取／島根／岡山／広島／山口	11
四国	徳島／香川／愛媛／高知	6
九州	福岡／佐賀／長崎／熊本／大分／宮崎／鹿児島／沖縄	20

　そのうえ、政党等は比例代表名簿の同一順位に複数の候補者を登載でき、それらの間での最終的な順位は各小選挙区での惜敗率の高低によって決定されます。さらに、小選挙区選挙に立候補するには300万円（または相当する額面の国債証書）を供託しなければならず、「有効投票の総数の10分の1」に達しないときには供託を没収されるのですが、供託を没収された衆議院名簿登載者があるときは、「当該衆議院名簿登載者は、衆議院名簿に記載されていないもの」とみなされ（公職選挙法第95条の2第6項）、比例代表選挙でも当選する資格を奪われているのです。

図1-1 衆議院議員小選挙区選挙 各都道府県別選挙区数(定数289人)

小選挙区の区割りは、国勢調査で調べた人口をもとに、原則10年ごとに見直される。
出典:総務省のホームページ

　このように小選挙区選挙の結果が比例代表選挙の結果を左右してもいるので、現行の並立制は、小選挙区中心の選挙制度です。したがって、日本の並立制は、「比例代表制を付加した小選挙区制」と呼んだ方が分かりやすいでしょう。

　各政党への議席の配分は、各ブロックにおける各政党の総得票数をそれぞれ1、2、3、4…と自然数で割っていき、得られた商の大きい順に議席を配分する方式、いわゆるドント方式（表1-6を参照）でおこなわれます。

表1-6　ドント式の当選人決定例（定数10の場合）

除数	A党 120	B党 100	C党 70	D党 40
1	120 ①	100 ②	70 ③	40 ⑥
2	60 ④	50 ⑤	35 ⑧	20
3	40 ⑥	33 ⑨	23	13
4	30 ⑩	25	18	10

各党の得票数は万票単位。定数10だとすると、当選者数はA党4名、B党3名、C党2名、D党1名になる。
出典：選挙制度研究会編『実務と研究のための分かりやすい公職選挙法（第15次改訂版）』（ぎょうせい・2014年、19頁）を参考に上脇が作成した。

4 参議院の選挙制度

●衆議院の選挙制度と類似

　戦前の貴族院は戦後廃止され、議員が民選される参議院が採用されました。参議院議員を選出する選挙制度は、衆議院のそれと同じではありませんが、類似しており、選挙区選挙（1982年の法律改正前は地方区選挙）と比例代表選挙（同じく全国区選挙）で構成されています。議員定数は242（2000年法律改正。それ以前は252）ですから、参議院議員は242名います。

　そのうち、法律上の議員定数は、選挙区選挙が146（以前は152）、比例代表選挙が96（以前は100）です（表1-7を参照）。したがって、選挙区選挙が中心の選挙制度です。

表1-7　参議院の選挙制度の歴史

時期	総定数	議員定数の内訳	
新憲法下	250	地方区150（2人区25、4人区15、6人区4、8人区2）	全国区100
72年 沖縄復帰	252	地方区の定数152（2人区26、4人区15、6人区4、8人区2）	全国区100

82 年 法律改正	252	選挙区の定数152（2人区26、4人区15、6人区4、8人区2）	比例代表100
94 年 法律改正	252	選挙区の定数152（2人区24、4人区18、6人区4、8人区1）	比例代表100
00 年 法律改正	242	選挙区の定数146（2人区27、4人区15、6人区4、8人区1）	比例代表96
06 年 法律改正	242	選挙区の定数146（2人区29、4人区12、6人区5、10人区1）	比例代表96
12 年 法律改正	242	選挙区の定数146（2人区31、4人区10、6人区3、8人区2、10人区1）	比例代表96
15 年 法律改正	242	選挙区の定数146（2人区32、4人区4、6人区5、8人区3、12人区1）	

　参議院の選挙区選挙における議員定数は人口数に応じて決められているので、人口変動があると変更されます。現在、12人区が1選挙区、8人区が3選挙区、6人区が5選挙区、4人区が4選挙区、2人区が32選挙区で構成されています（表1-7、表1-8、図1-2を参照）。

　参議院議員は半数ずつ改選されますので、例えば2010年参議院通常選挙では選挙区選挙で73名、比例代表選挙で48名が、それぞれ選出されました。2013年参議院通常選挙では、残りの73名、48名が、それぞれ選出されました。比例代表選挙は全国一区です。投票では、原則として候補者の個人名を記載し、それが所属政党への投票となる（例外として政党等の名称を記載しても有効です）方式が採用されており、世界的には少し変わった非拘束名簿式です。選挙区選挙でも有権者は全ての選挙区で候補者名を記して投票します。各政党への議席の配分はドント方式（表1-6を参照）でおこなわれます。

　議員定数については、例えば、2012年11月に、選挙区の議員定数を「4増4減」する（神奈川県と大阪府で定数を6から8へ2ずつ増やし、福島、岐阜両県で定数を4から2へ2ずつ減らす）法律が成立しました。この法律改正前までは、定数1が29選挙区（29名選出）、定数2が12選挙区（24名選出）、定数3は5選挙区（15名選出）、定数5が1選挙区（5名選出）でした（表1-7を参照）。つまり、事実上の1人区・2人区で73名のうち53名（72.6％）が選出されました（2010年参議院通常選挙）。

　2012年11月の法律改正後は、定数1が31選挙区（31名選出）、定数2が

図1-2 参議院議員選挙区選挙
　　　選挙区と各選挙区別定数（定数146人）

出典：総務省のホームページ

10選挙区（20名選出）、定数3は3選挙区（9名選出）、定数4は2選挙区（8名選出）、定数5が1選挙区（5名選出）でした（表1-7を参照）。つまり、事実上の1人区・2人区で73名のうち51名（69.9％）が選出されました（2013年参議院通常選挙）。

　2015年7月には、北海道、東京、兵庫を2ずつ増やし、宮城、新潟、長野を2ずつ減らす「6増6減」に加え、愛知と福岡を2ずつ増やし鳥取と島根、徳島と高知を合区して2ずつ減らす「4増4減」という「10増10減」案が成立し、史上初の「合区」（鳥取県と島根県、徳島県と高知県）もおこなわれ、2016年参議院通常選挙は、それでおこなわれました。その結果として、議員定数1が32選挙区（32名選出）、定数2が4選挙区（8名選出）、定数3は5選

挙区（15名選出）、定数4が3選挙区（12名選出）。定数6が1選挙区（6名選出）となりました（表1-7、表1-8を参照）。

つまり、事実上の1人区・2人区で73名のうち40名（54.8％）が選出されることになりました（2016年参議院通常選挙）。事実上の1人区・2人区選出議員の占める割合は約7割から低下したものの、5割を超えています。

したがって、参議院議員を選出する選挙制度は、小選挙区選挙中心の衆議院議員のそれと、同じではないものの類似しているのです。

表1-8　参院選挙区選挙の定数別選挙区一覧

事実上の1人区（32選挙区）＝32人	青森県、岩手県、宮城県、秋田県、山形県、福島県、栃木県、群馬県、新潟県、富山県、石川県、福井県、山梨県、長野県、岐阜県、三重県、滋賀県、奈良県、和歌山県、鳥取県・島根県、岡山県、山口県、徳島県・高知県、香川県、愛媛県、佐賀県、長崎県、熊本県、大分県、宮崎県、鹿児島県、沖縄県
事実上の2人区（4選挙区）＝8人	茨城県、静岡県、京都府、広島県
事実上の3人区（5選挙区）＝15人	北海道、埼玉県、千葉県、兵庫県、福岡県
事実上の4人区（3選挙区）＝12人	神奈川県、愛知県、大阪府
事実上の6人区（1選挙区）＝6人	東京都

鳥取県と島根県、徳島県と高知県が合区。

●現在の衆参の選挙制度

現在の衆議院と参議院の各選挙制度を一覧にまとめると、表1-9のようになります。

表1-9　現在の衆議院と参議院の各選挙制度比較

	憲法の規定など	選挙制度についての法律の規定			
		選挙の種類	投票方法	定数	備考
衆議院	4年任期解散あり	小選挙区選挙	候補者名1名を記載	289	比例代表選挙に立候補が可能
		比例代表選挙（ブロック制の拘束名簿式）	政党・政治団体名を記載	176	さらに11のブロックごとに議員定数あり
参議院	6年任期解散なし半数改選	選挙区選挙	候補者名1名を記載	146	事実上の議員定数は73。さらに選挙区ごとに議員定数あり
		比例代表選挙（全国1区の非拘束名簿式）	名簿登載者1名または政党・政治団体名を記載	96	事実上の議員定数は48

第1章　衆参の選挙制度の仕組み　27

第2章
衆院小選挙区選挙と参院選挙区選挙の問題点

1 小選挙区での膨大な死票と低い投票率

●死票は民意の切り捨て

　選挙における当選者以外の立候補者（落選者）への投票は生かされません。このような票は死票と呼ばれています。比例代表選挙では死票は少ないのですが、それ以外の選挙制度では死票がそれなりに生じます。選挙区が複数あり、各選挙区の議員定数が事前に定まっている場合には、一般に、その議員定数がどれくらいかで、全国集計した死票が多いのか少ないのかが決まります。

　衆議院のかつての中選挙区制は、議員定数が原則として3～5でしたから、中・小政党の候補者の当選も都市部では可能であり、準比例代表制的な機能を営んできたと評されてきました。中選挙区制が最後に施行された1993年の衆議院議員総選挙において全投票のうち死票は25％に達していませんでした。

　一方、衆議院の小選挙区選挙では、一つの選挙区で一人しか代表者を選出できないので、それ以外の立候補者は全員落選することになります（ただし、比例代表名簿にも登載されている重複立候補者の場合には比例代表選挙で当選する可

能性があります）。そうなると、最高得票者以外の立候補者への投票は全て死票になります。死票は無投票当選でない限り全ての小選挙区選挙で生じるので、全国集計すると死票は膨大なものになります（グラフ2-1を参照）。

例えば、小選挙区比例代表並立制により初めて施行された1996年総選挙における小選挙区選挙では、死票は全国集計すると54.7％、約3090万票もありました。その後、死票の割合は減少しますが、それでも50％近くありました。また、死票の数は増え、2003年総選挙を除き3000万票を超えていました。自民党と公明党が政権復帰することを可能にした2012年12月総選挙の小選挙区選挙における死票は、小選挙区の合計で約3163万票、投票総数の53％でした。

その後、死票の数は減るものの、2014年総選挙の小選挙区選挙の死票は約2541万票で48％、2017年総選挙の小選挙区選挙の死票は約2661万票で前回と同じ48％で、50％近くもありました（「自民、得票率48％で議席75％＝死票最多は希望【17衆院選】」時事通信2017年10月24日0時17分）。

いずれにせよ、このような死票の多さは、国民主権の普通選挙と矛盾する多大な民意の切り捨てなのです。

グラフ2-1　1996年以降の小選挙区選挙での死票

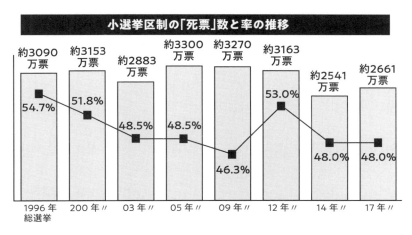

出典：「しんぶん赤旗」（2014年12月24日）に上脇が2017年の死票を加えた。

第2章　衆院小選挙区選挙と参院選挙区選挙の問題点

●有権者の投票意欲減退

　小選挙区選挙における投票率（有権者数に対する実際の投票者数の割合）は、中選挙区時代に比べても低下しています。投票率の低下には幾つかの理由が考えられますが、多大な死票を生むことも重要な理由の一つではないでしょうか。

　当選者は一人しかいないので、小選挙区選挙で当選する可能性の小さな政党の候補者を支持している有権者は、「投票しても死票になり無駄だから」という理由で、投票しない（棄権する）者も少なくないのでしょう。つまり、小選挙区選挙はこのような意味で有権者の投票意欲を減退させているようなのです。

　例えば、2012年の衆議院総選挙における小選挙区の投票率は、59.32％（男性60.14％、女性58.55％）でした。投票率が最も低かった1996年衆議院総選挙の59.65％を0.33ポイント下回り、戦後最低記録を更新しました。2014年衆議院総選挙における小選挙区選挙では、さらに投票率は下がり52.66％（男性53.66％、女性51.72％）で戦後最低を更新しました。18歳選挙の下でおこなわれた2017年衆議院総選挙でも53.68％（男性54.08％、女性53.31％）で、相変わらず低迷しています（グラフ2-2を参照）。

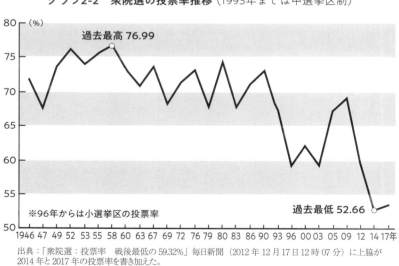

グラフ2-2　衆院選の投票率推移（1993年までは中選挙区制）

出典：「衆院選：投票率　戦後最低の59.32％」毎日新聞（2012年12月17日12時07分）に上脇が2014年と2017年の投票率を書き加えた。

小選挙区選挙過去８回の平均投票率と準比例代表的機能を営んだ中選挙区制における直近８回の平均投票率を比較すると、小選挙区選挙の方（60.55％）が中選挙区選挙（70.96％）よりも10ポイントも低いのです（表2-1を参照）。

　比例代表選挙の投票率も低いのですが、それはマスコミが小選挙区選挙中心に報道するため、小選挙区選挙の投票率の低下に連動しているからでしょう。

表 2-1　中選挙区と小選挙区の過去８回投票率比較

	中選挙区選挙	投票率		小選挙区選挙	投票率
第 33 回	1972 年 12 月 10 日	71.76%	第 41 回	1996 年 10 月 20 日	59.65%
第 34 回	1976 年 12 月 5 日	73.45%	第 42 回	2000 年 6 月 25 日	62.49%
第 35 回	1979 年 10 月 9 日	68.01%	第 43 回	2003 年 11 月 9 日	59.86%
第 36 回	1980 年 6 月 22 日	74.57%	第 44 回	2005 年 9 月 11 日	67.51%
第 37 回	1983 年 12 月 18 日	67.94%	第 45 回	2009 年 8 月 30 日	69.28%
第 38 回	1986 年 7 月 6 日	71.40%	第 46 回	2012 年 12 月 16 日	59.32%
第 39 回	1990 年 2 月 18 日	73.31%	第 47 回	2014 年 12 月 14 日	52.66%
第 40 回	1993 年 7 月 18 日	67.26%	第 48 回	2017 年 10 月 22 日	53.68%
平均		70.96%	平均		60.55%

2　小選挙区選挙による「虚構の上げ底政権」

●得票率と議席占有率の乖離は民意の歪曲

　小選挙区選挙は、各選挙区で一人しか当選者を出さないため、大政党であれば当選者を輩出できる可能性は高いのですが、中・小の政党だと他党の協力を得ない限り当選者を輩出できる可能性はほとんどありません。このことは、各政党の当選者の数を比較すれば、明白です。

　例えば、自民党の政権復帰を許し、安倍政権を再度誕生させた2012年総選挙の小選挙区選挙において、自民党は237議席を獲得し、300議席に占める割合（議席占有率）は79％にのぼりました（表2-2を参照）。しかし、同党の候補

第 2 章　衆院小選挙区選挙と参院選挙区選挙の問題点　31

者全員の得票数を全国集計して算出した得票率は43％でした。つまり、自民党は4割強の得票率で8割近い議席を獲得したのです。これは、実際の民意よりも過剰に代表されていることを意味しています（過剰代表）。

一方、同じく2012年総選挙の小選挙区選挙において、例えば日本共産党は7.9％の得票率を得ましたが、当選者はゼロで議席占有率は0％、民主党は22.8％の得票率だったのに議席占有率は9％にとどまり、自民党以外の政党のほとんどは実際の民意よりも過少に代表されているのです（過少代表）。

表2-2　2012年総選挙小選挙区選挙結果（議員定数300）

政党名	当選者数	議席占有率	得票率
自民党	237人	79%	43.0%
民主党	27人	9.0%	22.8%
日本維新の会	14人	4.2%	11.6%
公明党	9人	3.0%	1.5%
社民党	1人	0.3%	0.8%
みんなの党	4人	1.3%	4.7%
日本未来の党	2人	0.7%	5.0%
国民新党	1人	0.3%	0.2%
日本共産党	0人	0%	7.9%
新党大地	0人	0%	0.5%
新党日本	0人	0%	0.1%
無所属	5人	1.7%	―

以上のうち第一党の過剰代表に注目すると、民主党中心の政権を誕生させた2009年の衆議院総選挙でも民主党は300の小選挙区のうち221人の当選者を出し、議席占有率は73.7％もありましたが、同党の小選挙区選挙の候補者の得票数を全国集計しても47.4％でした。つまり、民主党は50％に届かない得票率なのに70％を超える議席占有率を獲得したのです（表2-3を参照）。

表2-3　2009年総選挙小選挙区選挙結果（議員定数300）

政党名	当選者数	議席占有率	得票率
自民党	64人	21.3%	38.6%

公明党	0 人	0 %	1.1%
民主党	221 人	73.7%	47.4%
日本共産党	0 人	0 %	4.2%
社民党	3 人	1 %	1.9%
みんなの党	2 人	0.7%	0.8%
国民新党	3 人	1.0%	1.0%
新党日本	1 人	0.3%	0.8%
諸派・無所属	6 人	2.0%	4.3%

　郵政選挙となり、自民党が圧勝した2005年の衆議院総選挙においても、自民党は、小選挙区選挙で得票率は47.8％でしたが、300のうち219議席を獲得し、議席占有率は73％もありました。

　以上のように第一党の過剰代表は、実は、小選挙区選挙が初めておこなわれた1996年総選挙でも同様に起こっており、小選挙区選挙での第一党だった自民党の議席占有率は56.3％で、得票率は38.6％でした。その後その率は高まっており、前述したように2012年総選挙では得票率43％の自民党の議席占有率は79％で、過去最悪の過剰代表でした（表2-4を参照）。

表 2-4　過去の小選挙区選挙での第一党の結果

総選挙年	第一党	当選者数	議席占有率	得票率
1996 年	自民党	169 人	56.3%	38.6%
2000 年	自民党	177 人	59.0%	41.0%
2003 年	自民党	168 人	56.0%	43.9%
2005 年	自民党	219 人	73.0%	47.8%
2009 年	民主党	221 人	73.7%	47.4%
2012 年	自民党	237 人	79.0%	43.0%
2014 年	自民党	222 人	75.3%	48.1%
2017 年	自民党	215 人	74.4%	47.8%

投票日の追加公認は含まず。

以上のように小選挙区選挙は、民意を衆議院に正確・公正に反映していない
どころか、民意を歪曲し、大政党の過剰代表を生み出すので、当然、中・小政
党の過少代表も生み出しているのです。

　これに比べ、比例代表選挙では過剰代表や過少代表はほとんど発生しませ
ん。例えば、2010年の参議院通常選挙での比例代表選挙では、全国１区なの
で大きな過剰代表・過少代表は生じていません（表2-5を参照）。

表2-5　2010年参院選比例代表選結果（事実上の議員定数48）

政党名	当選者数	議席占有率	比例得票率
民主党	16人	33.33%	31.56%
自民党	12人	25.0%	24.07%
公明党	6人	12.5%	13.07%
日本共産党	3人	6.25%	6.1%
国民新党	0人	0%	1.71%
新党改革	1人	2.08%	2.01%
社民党	2人	4.17%	3.84%
たちあがれ日本	1人	2.08%	2.11%
みんなの党	7人	14.58%	13.59%
幸福実現党	0人	0%	0.39%
諸派	0人	0%	1.55%

●「作られた多数派」「虚構の上げ底政権」

　単純小選挙区制のイギリスでは戦後50％以上の得票率で政権についた例は
ありません。与党は過剰代表され、政権の地位に就いてきました。一方、野党
は過少代表されてきました。特に第三党の自由党は1974年の選挙で18〜19％
の得票率であったのに、議席占有率は２％にすぎませんでした（1988年に自由
党は社会民主党と合併し、自由民主党になっています）。

　比例代表選挙を付加している日本でも、小選挙区選挙中心であるがゆえに、
このことは基本的に同じで、１党で50％以上の得票率を得た政党はありませ

んし、与党は小選挙区中心の選挙制度のお陰で過剰代表により政権の地位を得てきました。「作られた多数派」「虚構の上げ底政権」です。

　例えば、民主党中心の政権を実現した2009年衆議院総選挙で民主党は480の議員定数のうち308議席を獲得しました。連立を組んでいる国民新党は3議席獲得なので、合計すると311議席になります。民主党の議席占有率は64.2%です。しかし、比例代表選挙の得票率は50%に届かず42.45%でした。かりに480の総定数が比例代表選挙の結果だけで各政党に議席が配分されると仮定すると、民主党は204議席程度しか配分されないと試算されます。104名分過剰に代表されていた計算です。過半数は241議席（ただし、議長を含む）以上ですから、過半数に37議席も足りないのです。国民新党の試算議席は8ですから、これを加えても212で、過半数に29も不足します。

　言い換えれば、明らかに民主党は小選挙区選挙で過剰代表され、その結果として「虚構の上げ底政権」を誕生させることができたのです（なお、当初は社民党も連立に加わっていました。当時3党で318議席、しかし、比例配分試算すると233議席で、過半数に8議席足りない計算です。表2-6を参照）。

表2-6　2009年衆院選並立制結果と比例配分試算（議員定数480）

政党名	当選者数	議席占有率	比例代表得票率	比例配分試算
自民党	119人	24.8%	26.73%	128人
公明党	21人	4.4%	11.41%	55人
民主党	308人	64.2%	42.45%	204人
日本共産党	9人	1.9%	7.03%	34人
社民党	7人	1.5%	4.27%	21人
みんなの党	5人	1.0%	4.27%	20人
国民新党	3人	0.6%	1.73%	8人
新党日本	1人	0.2%	0.75%	4人
新党大地	1人	2.0%	0.62%	3人
幸福実現党	0人	0%	0.65%	3人
改革クラブ	0人	0%	0.08%	0人
新党本質	0人	0%	0.01%	0人
無所属	0人	1.2%	―	0人

第2章　衆院小選挙区選挙と参院選挙区選挙の問題点

これは、それ以前の1996年、2000年、2003年の衆議院総選挙でも基本的には妥当します（表2-7を参照）。この点は、後述する衆議院総選挙でも同様です。つまり、衆議院における多数派は小選挙区選挙の過剰代表を通じて人工的につくられてきたのです。

表2-7　2003年衆院選以前の並立制結果と比例配分試算

	1996年総選挙			2000年総選挙			2003年総選挙		
	当選者数（人）	比例得票率（%）	比例試算（人）	当選者数（人）	比例得票率（%）	比例試算（人）	当選者数（人）	比例得票率（%）	比例試算（人）
自民党	239	32.8	164	233	28.3	136	237	35	168
公明党	－	－	－	31	13	62	34	14.8	71
新進党	156	28.0	140	－	－	－	－	－	－
保守党	－	－	－	7	0.4	2	－	－	－
自由党	－	－	－	22	11	53	－	－	－
民主党	52	16.1	81	127	25.2	121	177	37.4	179
日本共産党	26	13.1	66	20	11.2	54	9	7.8	37
社民党	15	6.4	32	19	9.4	45	6	5.1	25
その他	12	3.6	17	21	1.6	7	17	－	0
総定数	500	100	500	480	100	480	480	100	480

3 二院制と矛盾する選挙結果

●二院制の意義を喪失させた小選挙区選挙

2005年、2012年、2014年、2017年の衆議院総選挙でも「作られた多数派」「虚構の上げ底政権」が生まれましたが、問題は、それだけではありませんでした。なんと、二院制・参議院の存在意義を事実上喪失させるほどの結果が人工的につくられたのです。その最大の原因は、やはり民意を歪曲し大政党の過剰代表を生み出す小選挙区選挙でした。

例えば、自公両党が政権に復帰した2012年総選挙において総定数480のうち自民党は294議席を獲得し、議席占有率61.3%でしたが、比例代表選挙における得票率は27.6%でした。480の総定数が比例代表選挙の結果だけで各政党に議席配分されると仮定すると、自民党は133議席程度であったと試算されます。つまり、161議席程度も過剰代表だった計算になるのです。

　総選挙後、自民党は公明党と連立政権を組み、安倍晋三政権を復活させました。両党の獲得議席は328議席。総定数480の「3分の2」は320ですから、参議院が法律案を否決しても衆議院で再可決をして法律案を成立させることができる絶対多数を獲得し、事実上参議院・二院制の存在意義を喪失させました。

　しかし、両党の比例代表選挙における得票率の合計は、40%未満の39.4%でした。それなのに、議席占有率の合計は「3分の2」以上の67.8%でした。480議席を全て比例代表選挙の選挙結果で比例配分すると、両党の試算配分議席は190議席（自民党133議席、公明党57議席）。過半数に51議席も足りません（表2-8を参照）。

表2-8　2012年衆院選並立制結果と比例配分試算（議員定数480）

政党名	当選者数	議席占有率	比例代表得票率	比例配分試算
自民党	294人	61.3%	27.62%	133人
民主党	57人	11.9%	16.00%	77人
日本維新の会	54人	11.3%	20.38%	98人
公明党	31人	6.5%	11.83%	57人
みんなの党	18人	3.8%	8.72%	42人
日本未来の党	9人	1.9%	5.69%	27人
日本共産党	8人	1.7%	6.13%	29人
社民党	2人	0.4%	2.36%	11人
新党大地	1人	0.2%	0.58%	3人
国民新党	1人	0.2%	0.12%	0人
幸福実現党	0人	0%	0.36%	2人
新党改革	0人	0%	0.22%	1人
無所属	5人	1%	0%	0人

第2章　衆院小選挙区選挙と参院選挙区選挙の問題点

つまり、自公両党は50％を下回る得票率だったのですが、小選挙区選挙による過剰代表のお陰で「虚構の３分の２政権」をつくりだし、参議院の存在意義、二院制の存在意義を事実上喪失させてきたのです。あまりにも異常です。

　同様の異常は、郵政選挙となった2005年衆議院総選挙でも起きていました。自民党と公明党は圧勝し、合計で327議席（自民党296議席、公明党31議席）を獲得し、事実上参議院・二院制の存在意義を喪失させました。しかし、比例代表選挙の得票率で両政党の議席を試算すると、両党の獲得議席は合計で247議席（自民党183議席と公明党64議席）であり、過半数を少し超える程度だったのです。言い換えれば、80議席分も過剰代表され、「虚構の３分の２政権」が生み出されていたのです（表2-9を参照）。

表 2-9　2005年衆院選の選挙結果と比例配分試算（議員定数 480）

政党名	当選者数	議席占有率	比例代表得票率	比例配分試算
自民党	296 人	61.7%	38.18%	183 人
公明党	31 人	6.5%	13.25%	64 人
民主党	113 人	23.5%	31.02%	149 人
日本共産党	9 人	1.9%	7.25%	35 人
社民党	7 人	1.5%	5.49%	26 人
国民新党	4 人	0.8%	1.74%	8 人
新党日本	1 人	0.3%	2.42%	12 人
新党大地	1 人	0.3%	0.64%	3 人
無所属	18 人	3.8%	0%	0 人

●国民の信任を得ていない安倍自公政権・与党

　このような異常な「特権」を第一党に人工的に与えることを利用するために、安倍内閣は2014年に「政治とカネ」問題で追い込まれながら衆議院を解散し、自公与党で「３分の２」を超える325議席を獲得しましたが、比例代表選挙の得票率で両党の議席を試算すると223議席でした（表2-10を参照）。

表 2-10　2014 年衆院選の並立制結果と比例配分試算（議員定数 475）

党派名	当選者数	議席占有率	比例得票率	比例配分
自 民 党	290 人	61.1%	33.1%	158 人
民 主 党	73 人	15.4%	18.3%	87 人
維 新 の 党	41 人	8.6%	15.7%	75 人
公 明 党	35 人	7.4%	13.7%	65 人
日本共産党	21 人	4.4%	11.3%	54 人
次世代の党	2 人	0.4%	2.6%	13 人
社 民 党	2 人	0.4%	2.4%	12 人
生 活 の 党	2 人	0.4%	1.9%	9 人

幸福実現党と無所属は省略。

表 2-11　2017 年衆院選の並立制結果と比例配分試算（議員定数 465）

	議席数	内訳議席数		議席占有率	得票率	議席数（試算）
政党名	当選者合計	小選挙区	比例代表	並立制	比例代表	比例配分
自民党	281 人	215 人	66 人	60.4%	33.28%	155 人
公明党	29 人	8 人	21 人	6.2%	12.51%	58 人
希望の党	50 人	18 人	32 人	10.8%	17.36%	81 人
日本維新の会	11 人	3 人	8 人	2.4%	6.07%	28 人
立憲民主党	54 人	17 人	37 人	11.6%	19.88%	92 人
日本共産党	12 人	1 人	11 人	2.6%	7.90%	37 人
社民党	2 人	1 人	1 人	0.4%	1.69%	8 人
日本のこころ	0 人	0 人	0 人	0 %	0.15%	1 人
幸福実現党	0 人	0 人	0 人	0 %	0.52%	2 人
新党大地	0 人	0 人	0 人	0 %	0.41%	2 人
支持政党なし	0 人	0 人	0 人	0 %	0.22%	1 人

投票当日に追加公認があったが、それは上記数字には含めていない。小選挙区で無所属の当選者が 26 人いるが、省略した。ただし合計はそれを含む数字。

　この点は、議員定数が 2014 年総選挙時の 475 から 10 減員され 465 となった 2017 年衆議院総選挙でも同様で、安倍内閣は、政権を維持するために衆議院を解散しました。与党の自民党と公明党の当選者数（投票当日の追加公認を含まない獲得議席数）合計は、ちょうど「3 分の 2」の 310（281 と 29）で、議席占有率の合計は 66.6%（60.4% と 6.2%）もありますが、両党の比例代表選挙で

の得票率の合計は50％を下回る45.78％（33.28％と12.51％）にとどまり、同得票率で比例配分すると213議席（155と58）となります。つまり、自公与党は97議席も過剰代表されている計算になります（表2-11参照）。

　このように2017年衆議院総選挙でも自公与党は半数の得票率を得ていないにもかかわらず、過半数を獲得するだけではなく、「3分の2」の議席を獲得したわけですが、このような過剰代表による「つくられた与党」を生み出した最大の原因は、民意を歪曲する小選挙区効果に基づくものでした。

　自民党は小選挙区選挙で289の議員定数のうち215議席を獲得し、議席占有率は74.4％もありましたが、同党の得票率は投票行動が大政党の候補者に誘導されるとはいえ全国集計しても50％を超えておらず47.8％でした。公明党の当選者8名を加えると223議席で、議席占有率は77.2％もありましたが、同党の得票率1.5％を加えても49.3％でした。つまり、得票率は連立与党の合計でも50％を下回っていたのに、小選挙区選挙の当選者は4人に3人が自公両党でした（表2-12を参照）。

表 2-12　2017 年衆院選の小選挙区選挙結果（議員定数 289）

政党名	議席数	議席占有率	得票率
自民党	215 人	74.4％	47.8％
公明党	8 人	2.8％	1.5％
希望の党	18 人	6.2％	20.6％
日本維新の会	3 人	1.0％	3.2％
立憲民主党	17 人	5.9％	8.5％
日本共産党	1 人	0.3％	9.0％
社民党	1 人	0.3％	1.2％
無所属	26 人	9.0％	8.2％

投票当日に追加公認があったが、それは上記数字には含めていない。

　要するに、自公両党の合計得票率は、比例代表選挙（45.8％）だけではなく、小選挙区選挙（49.3％）でも、過半数の得票率を得ていなかったのですから、安倍政権与党は主権者国民に信任されてはいなかったのです。にもかかわらず、不当な過剰代表を生み出す小選挙区効果のお陰で「3分の2」の議席を獲得し続けているのです。

4 民意を歪曲する参議院選挙区選挙

● 参議院選挙区選挙は小選挙区選挙に類似

　参議院議員を選出する選挙制度も衆議院議員を選出するそれと類似していることは本書第1章で説明しました。参議院議員の総定数は現在242で、そのうち、選挙区選挙の議員定数は146、比例代表選挙の議員定数は96ですが、半数改選なので事実上の議員定数はその半分、それぞれ73と48です。

　また、選挙区選挙においては、事実上の1人区・2人区で選出される議員の占める割合が高いので（表1-7、表1-8を参照）、大政党に有利になっています。

● 選挙区選挙で過剰代表と過少代表

　それゆえ、例えば2013年参議院通常選挙での選挙区選挙において自民党は事実上の議員定数73のうち47名の当選者を出し、議席占有率は64.38％もありましたが、同党の候補者の得票を全国集計すると42.7％でした（表2-13を参照）。つまり、4割を少し超えた得票率で6.5割の議席占有率を獲得でき、明らかな過剰代表です。その結果として他党のほとんどは過少代表を強いられています。

表2-13　2013年参院選の選挙区選挙結果（事実上の議員定数73）

政党名	当選者数	議席占有率	得票率
自民党	47人	64.38%	42.7%
民主党	10人	13.7%	16.3%
公明党	4人	5.48%	5.1%
みんなの党	4人	5.48%	7.8%
日本共産党	3人	4.11%	10.6%
日本維新の会	2人	2.74%	7.3%
社民党	0人	0%	0.5%

無所属のほか生活の党などは省略。

●「市民と野党の共闘」の影響

　この点は2016年参議院通常選挙でも基本的には同様ですが、いわゆる「市民と野党の共闘」もあって、違いもあります。まず、自民党は36名の当選者を輩出し、議席占有率は49.32％もありましたが、得票率は39.94％でした。過剰代表であることに違いはありませんが、過剰の程度が少し抑制されています。また、民進党の当選者は21名、議席占有率は28.77％、得票率は25.14％。わずかに過剰代表されています（表2-14を参照）。これらの結果は、「市民と野党の共闘」のために日本共産党が候補者を擁立しなかったことが影響しています。

表 2-14　2016 年参院選の選挙区選挙結果（事実上の議員定数 73）

政党名	当選者数	議席占有率	得票率
自民党	36 人	49.32％	39.94％
民進党	21 人	28.77％	25.14％
公明党	7 人	9.59％	7.54％
日本共産党	1 人	1.37％	7.26％
おおさか維新の会	3 人	4.11％	5.84％
社民党	0 人	0 ％	0.51％

得票率 1 ％以下、無所属は省略。

● 比例代表選を含めても過剰・過少代表

　とはいえ、参議院でも選挙区選挙によって過剰代表と過少代表が人工的につくられています。投票率も低迷しています。2013年参議院通常選挙の選挙区選挙における投票率は52.81％で、戦後3番目に低い投票率でした。18歳選挙になった2016年通常選挙でも54.7％でした（最低は1995年通常選挙44.52％）。

　また、比例代表選挙の選挙結果を含めても過剰代表と過少代表が生まれていることも確認できます。2016年参議院通常選挙において自民党は事実上の議員定数121のうち55名の当選者を出し、議席占有率は45.45％でしたが、比例代表選挙の得票率は35.01％でしたので、これに基づき比例試算すると自民党

の当選者は 45 名だったことになり、10 名も過剰代表されている計算になります（表2-15を参照）。

表 2-15　2016 年参院選結果と比例試算（事実上の議員定数 121）

党派名	当選者	議席占有率	比例得票率	比例配分
自　民　党	55 人	45.45％	35.91％	45 人
民　進　党	32 人	26.45％	20.98％	25 人
公　明　党	14 人	11.57％	13.52％	16 人
日本共産党	6 人	4.96％	10.74％	13 人
おおさか維新の会	7 人	5.79％	9.20％	11 人
社　民　党	1 人	0.83％	2.74％	3 人
生活の党と山本太郎となかまたち	1 人	0.83％	1.91％	2 人

得票率 1.5％以下と無所属は省略。

　以上のような過剰代表と過少代表は、過去においても大なり小なり同様に生じていました。例えば、2007 年参議院通常選挙においても、60 名の当選者を出した民主党は比例代表選挙の得票率で試算すると 48 名の当選者になり、12 名も過剰代表されていることが分かります。37 名の当選者を出した自民党は比例試算すると 34 名で、3 名過剰代表されていた計算になります。これは保守二大政党化を意味していました。

表 2-16　2007 年、13 年参院選結果と比例配分試算（議員定数 121）

通常選挙年	2007 年		2013 年	
党名	当選者数	比例試算	当選者数	比例試算
自民党	37 人	34 人	65 人	42 人
公明党	9 人	16 人	11 人	17 人
民主党	60 人	48 人	17 人	16 人
日本共産党	3 人	9 人	8 人	12 人
社民党	2 人	5 人	1 人	3 人
みんなの党	－	－	8 人	11 人
日本維新の会	－	－	8 人	15 人

無所属は省略。

一方、2013年参議院通常選挙においても、65名の当選者を出していた自民党は比例代表選挙の得票率で試算すると42名で、23名も過剰代表されていた計算になります。民主党は1名の過剰代表にとどまります。これは後述するように保守二大政党化の崩壊を反映しています。

　両年とも他党は過少代表を強いられています（表2-16を参照）。

5 逆転現象の危険性

●得票率と議席占有率の逆転現象

　小選挙区制の重大な問題点としては、得票率第一党が必ずしも議会の議席数（議席占有率）第一党になるわけではないこと（逆転現象）も指摘できます。このような逆転現象は小選挙区制の母国であるイギリスで、1951年と1974年の2度も発生しているのです（表2-17を参照）。

表2-17　英国で保守党と労働党の逆転現象

	保守党		労働党	
1951 年	1372 万票	321 議席	1396 万票	295 議席
1974 年	1187 万票	297 議席	1164 万票	301 議席

　実は、日本の参議院では2010年通常選挙で、この逆転現象が起きました。同選挙で、自民党は計51議席を、民主党は計44議席を、それぞれ獲得しましたが、しかし、そのうちの比例代表選挙では、民主党は自民党の12議席よりも4議席多い16議席を獲得していましたし、選挙区選挙でも民主党の得票率は自民党の33.38％よりも5％余り多い38.97％を獲得していたのですが、議席数では民主党（28議席）よりも自民党（39議席）の方が10議席も多かったので、全体として自民党は民主党よりも多い議席を獲得したのです。

　そのカラクリは、当時の選挙区選挙が逆転現象を生み出したからです。つま

り、事実上の１人区・２人区で73名中の53名が選出された（約73％）ため大政党に有利であるわけですが、死票も多く生まれるため、その選挙の結果として自民党は選挙区選挙でも比例代表選挙でも得票数・得票率が民主党より少なかったにもかかわらず、当選者数・議席占有率は民主党よりも多かったのです（表2-18を参照）。小選挙区選挙に類似した選挙区選挙がイギリスのような逆転現象を引き起こしたのです。

　この点については、さらに比例代表選挙の選挙結果で比例試算して確認しておきましょう。2010年の通常選挙で51議席を獲得した自民党の議席占有率は42.1％でしたが、比例代表選挙の得票率は24％程度に過ぎなく、121議席をこの得票率で比例配分すると29議席しか獲得できなかった計算になります。言い換えれば、22名分過剰代表されているのです。

表 2-18　　2010 年参院選での民主党と自民党の逆転現象

政党名	選挙区選挙			比例代表選挙			合計
	当選者数	議席占有率	得票率	当選者数	議席占有率	得票率	当選者数
民主党	28 人	38.36%	38.97%	16 人	33.33%	31.56%	44 人
自民党	39 人	53.42%	33.38%	12 人	25.0%	24.07%	51 人

　同様に民主党についても比例試算すると、自民党の試算議席29よりも10多い38議席程度になりますので、逆転現象が確認できますが、民主党は44議席だったのですから、6議席過剰代表されていたことも分かります。ということは、両党以外の政党は過少代表されていたのです（表2-19を参照）。

　以上の結果を踏まえて２点確認できます。第１に、得票数で第一党が議席数で第一党になっていないという逆転現象が生じている以上、小選挙区選挙や選挙区選挙による民意の歪曲により、国民全体は政権交代を望んでいない投票をしたのに政権交代が起こる危険性や、国民全体は政権交代を望んだ投票をしたのに政権交代が起きない危険性もあるということです。

　小選挙区制は政権選択になるとの理由で小選挙区制を高く評価する見解がありましたが、その見解は机上の空論だったのです。

　第２に確認できることは、過剰代表という不当な利益を得たのは逆転現象で

第２章　衆院小選挙区選挙と参院選挙区選挙の問題点　　45

表 2-19　2010 年参院選結果と比例配分試算（事実上の議員定数 121）

政党名	当選者数	議席占有率	比例得票率	比例配分試算
民主党	44 人	36.4%	31.56%	38 人
自民党	51 人	42.1%	24.07%	29 人
公明党	9 人	7.4%	13.07%	16 人
日本共産党	3 人	2.5%	6.10%	7 人
国民新党	0 人	0 %	1.71%	2 人
新党改革	1 人	0.8%	2.01%	2 人
社民党	2 人	1.7%	3.84%	5 人
たちあがれ日本	1 人	0.8%	2.11%	3 人
みんなの党	10 人	8.3%	13.59%	16 人
幸福実現党	0 人	0 %	0.39%	1 人
諸派	0 人	0 %	1.55%	2 人

利益を得た第一党だけではなく、逆転現象で不利益を受けた第二党も、そうだったため、２党以外の諸政党が異常過少代表を強いられたということです。

●第二党以下の逆転現象

衆議院では、以上のような第一党と第二党の逆転現象は起きてはいませんが、今後起きる可能性があります。実は、その予兆は起きています。例えば2012年総選挙では、第二党以下の諸政党間で得票数・得票率と獲得議席数・議席占有率との逆転現象が生じているのです（表2-8を参照）。比例代表選挙の得票率で政党を並べると、以下のようになります。

自民党、日本維新の会、民主党、公明党、みんなの党、日本共産党、日本未来の党、社民党、新党大地、幸福実現党、新党改革、国民新党。

しかし、獲得議席数で政党を並べると、以下のようになります。

自民党、民主党、日本維新の会、公明党、みんなの党、日本未来の党、日本共産党、社民党、国民新党、新党大地、幸福実現党、新党改革。

このように、比例代表選挙の得票率で並べた政党の順番は、獲得議席数で並べた政党の順番と同じではなく、異なってしまうのです。

参議院でも同様の逆転現象がありました。2016年参議院通常選挙で共産党

の得票率は10.74％で、おおさか維新の会の9.2％よりも多かったのですが、共産党の実際の当選者数は、おおさか維新の会の7議席よりも少ない6議席でした（表2-15を参照）。

6 政権交代を阻んできた小選挙区制

●政権交代を阻んできた可能性

　小選挙区選挙中心の並立制のもとで政権交代が起きたのは、2009年総選挙だけで、2012年総選挙では再び自公両党が政権に戻ってしまいました。

　過去の選挙結果のうち、比例代表選挙の得票率に注目すると、完全比例代表制を採用していたら、これまでの連立与党は、2005年総選挙を別にすれば、過半数の得票率を獲得していませんでした（表2-20を参照）。当時の野党が協力しあえば政権交代が起きていた可能性があります。

表 2-20　衆院比例代表での連立与党の得票率

1996 年	自民党	社民党	新党さきがけ	合計
	32.76%	6.38%	1.05%	40.19%
2000 年	自民党	公明党	保守党	合計
	28.31%	12.97%	0.41%	41.69%
2003 年	自民党	公明党		合計
	34.9%	14.78%		49.68%
2005 年	自民党	公明党		合計
	38.18%	13.25%		51.43%
2009 年	民主党	国民新党	社民党	合計
	42.41%	1.73%	4.27%	48.41%
2012 年	自民党	公明党		合計
	27.62%	11.83%		39.45%
2014 年	自民党	公明党		合計
	33.11%	13.71%		46.82%
2017 年	自民党	公明党		合計
	33.28%	12.51%		45.79%

第2章　衆院小選挙区選挙と参院選挙区選挙の問題点

言い換えれば、小選挙区選挙中心の選挙制度が政権交代を阻み、自公政権を継続させてきたと評することができます。

● 政権の枠組みが変わった可能性

　もっとも、当時、政権交代が実際に起きたのかどうか、確実なことは分かりません。当時の連立与党が他党に働きかけて多数派工作に成功すれば、自民党（2009年は民主党）中心の政権が続いたかもしれません。しかし、その場合、連立政権の顔ぶれが変わることになります。そうなると、政権合意の内容も変わっていた可能性があるのです。

　したがって、小選挙区選挙中心の現行の選挙制度でなければ（民意を正確・公正に反映する選挙制度であれば）、政権交代していた可能性があり、たとえ政権交代していなくても、政権の枠組みが異なり、当時とは異なる政治がおこなわれた可能性があるのです。

第3章
立憲主義・民意の蹂躙、国民生活の破壊

1 保守二大政党化画策の失敗と民意の多党状態

● 「つくられた保守二大政党制」の崩壊

　衆議院の選挙制度が中選挙区制から小選挙区本位の制度に「改革」された1994年から23年、最初の総選挙が実施された1996年から21年が、それぞれ経過しました。その間に1996年総選挙を含め8回の衆議院総選挙が小選挙区本位の選挙制度でおこなわれました。小選挙区選挙は大政党に有利であるため、その不当な恩恵にあずかろうと、保守政党の離合集散が起き、保守二大政党制づくりが試みられてきました。しかし、それは成功してきたとは言い難いのが現状です。

　まず、1994年末に結成された新進党はわずか3年で解散し、完全に失敗に終わりました。

　次に、民主党と自由党が2003年に合併し、新しい民主党が誕生しました。後述するように新自由主義や新保守主義（軍事大国化）を強行した自公政権への国民の反発もあり、小選挙区選挙によって国民の投票行動は民主党へと誘導

され、2009年総選挙で政権を奪取し、保守二大政党づくりは成功したかに見えました。しかし、民主党中心の政権による政治は、首相が鳩山由紀夫議員から菅直人議員、さらに野田佳彦議員へと交代するたびに、自公政権政治とほとんど変わらなくなっていったため、国民は失望し、2012年衆議院総選挙では再び小選挙区選挙による過剰代表で自公政権の誕生を許しました。

ところが、2012年総選挙では、小選挙区選挙においてさえも「得票率」の点で二大政党化の流れが崩壊し始めました。自民と民主の二大政党の小選挙区選挙における合計得票率は1996年総選挙の66.6％で始動し、2009年総選挙の86％まで上昇しましたが、2012年総選挙では過去最低の65.8％まで低下しました（一応自民党の一党優位状態になっていますが、それでも43％まで自民党の得票率は低下しています）。

2012年、2014年、2017年の各総選挙における小選挙区選挙での第二党の得票率は、20％前半程度まで下がってしまい、獲得議席数も、27人、38人、18人と低迷し、２党の得票率も70％前後まで低下し、とても二大政党制とは評し得ません（表3-1を参照）。

表 3-1　小選挙区選挙での二大政党の選挙結果

総選挙年	第一党	当選者数（人）	議席占有率（％）	得票率（％）	第二党	当選者数（人）	議席占有率（％）	得票率（％）	合計当選者数（人）	合計議席占有率（％）	合計得票率（％）
1996 年	自民党	169	56.3	38.6	新進党	96	32.0	28.0	265	88.3	66.6
2000 年	自民党	177	59.0	41.0	民主党	80	26.7	27.6	257	85.7	68.6
2003 年	自民党	168	56.0	43.9	民主党	105	35.0	36.7	273	91.0	80.6
2005 年	自民党	219	73.0	47.8	民主党	52	17.3	36.4	271	90.3	84.2
2009 年	民主党	221	73.7	47.4	自民党	64	21.3	38.6	285	95.0	86.0
2012 年	自民党	237	79.0	43.0	民主党	27	9.0	22.8	264	88.0	65.8
2014 年	自民党	222	75.3	48.1	民主党	38	12.9	22.5	260	88.1	73.6
2017 年	自民党	215	74.4	47.8	希望の党	18	6.2	20.6	233	80.6	68.4

小選挙区の議員定数は1996年〜2012年が300、2014年は295で、2017年は289であった。

以上の点は比例代表選挙でも同様ですが、小選挙区選挙に比べると比例代表選挙における誘導は弱いようです。2003年総選挙では、二大政党の自民党と

民主党の比例代表選挙における得票率の合計は72％超にまで誘導されてきましたが、2012年の総選挙の比例代表選挙では、第一党の自民党でさえ27.6％にとどまり、第二党の「日本維新の会」は20.4％で、両党の得票率を合計しても50％に達しない48％程度でした。その後、2党の得票率は少し上昇しますが、50％前半にすぎません（表3-2を参照）。

表3-2　1996年以降総選挙並立制での二大政党の選挙結果

総選挙年	第一党	当選者数(人)	議席占有率(％)	比例代表得票率(％)	第二党	当選者数(人)	議席占有率(％)	比例代表得票率(％)	合計当選者数(人)	合計議席占有率(％)	合計比例代表得票率(％)
1996年	自民党	239	47.8	32.8	新進党	156	31.2	28	395	79.0	60.8
2000年	自民党	233	48.5	28.3	民主党	127	26.5	25.2	360	75.0	53.5
2003年	自民党	237	49.4	35.0	民主党	177	36.9	37.4	414	86.3	72.4
2005年	自民党	296	61.7	38.2	民主党	113	23.5	31.0	409	85.2	69.2
2009年	民主党	308	64.2	42.4	自民党	119	24.8	26.7	427	89.0	69.1
2012年	自民党	294	61.3	27.6	日本維新の会	54	11.3	20.4	348	72.6	48.0
2014年	自民党	290	61.1	33.1	民主党	73	15.4	18.3	363	76.5	51.4
2017年	自民党	281	60.4	33.3	立憲民主党	37	11.6	19.9	318	72.0	53.2

なお、衆議院の総定数は1996年が500で、2000年～2012年は480で、2014年は475で、2017年は465であった。2012年総選挙では並立制による当選者数の第二党は民主党だが、比例代表選挙の得票率の第二党は日本維新の会。

● 民意は多党状態

以上は「得票率」に着目したものですが、「得票数」に着目した民意は、二大政党化どころか、一党優位化さえしてはいません。明らかな多党状態です。

例えば、自民党が政権に復帰した2012年衆議院総選挙で自民党の比例代表選挙における得票数は約1662万票強でしたが、自民党が敗北し下野した2009年のそれは1881万票でした。つまり、自民党は、比例代表選挙における得票を約219万票も減らしていたのに小選挙区選挙による過剰代表のおかげで「圧勝」したのですが、小選挙区選挙でも2012年は約2564万票で2009年の約2730万票から約166万票減らしているのです。

また、民主党の場合、2009年総選挙での比例代表選挙における得票数が約

第3章　立憲主義・民意の蹂躙、国民生活の破壊　51

2984万票強であったのに2012年総選挙でのそれは約962万票強で、約2022万票も減らしています。

　2009年の自民党、民主党の比例代表選挙の得票数を合計すると、約4865万票でしたが、2012年の自民党、民主党の他に、比例代表選挙で第二党に躍り出た日本維新の会の得票数約1226万票強を加えても、約3851万票にしかならず、2012年の三大政党の得票数は2009年の二大政党の得票数よりも1014万票少ないのです。

　さらに言えば、民主党が自由党を吸収し、二大政党制ができあがった以降の総選挙（2003年、2005年、2009年、2012年）の比例代表選挙の得票数を見ると、自民党は2005年総選挙で2588万超の得票をピークにその後、得票数を減らしています。また、2012年総選挙における自民党の比例代表選挙の得票数に、選挙協力している公明党のほか、民主党、日本維新の会の比例代表選挙の各得票数を合計しても約4563万票であり、過去3党の得票数の合計（約5149万票〜約5671万票）よりも約586万票〜約1108万票も少ないのです（表3-3を参照）。

表 3-3　2003 年〜 12 年総選挙の比例代表選で自民・公明・民主・維新の得票数

総選挙年	自民党	公明党	民主党	日本維新の会	合計
2003 年	2066.0	873.3	2209.6	–	5148.9
2005 年	2588.8	898.8	2103.6	–	5591.2
2009 年	1881.0	805.4	2984.5	–	5670.9
2012 年	1662.4	711.6	962.9	1226.2	4563.1

単位は万票。

　2014年と2017年の総選挙の各比例代表選挙での主要各党の得票数（300万票を超える得票）を比較すると、自民党は下野した2009年総選挙の時の得票数をいまだに下回り続けているうえに、自民党以外で300万票を超える政党が2014年は4党、2017年は5党もあり、多党化の状態にあることが分かります。

　これでは、「民意が自民党に集約している」とも「民意が二大政党に集約している」とも、到底言えそうにありません。実際の民意は多党状態にあり、国民のあいだには二大政党の基盤そのものが存在しないのです。

表 3-4　2014 年、17 年総選挙比例代表選挙での主要政党の得票数

総選挙年	自民党	公明党	民主党	日本維新の会	維新の党	立憲民主党	希望の党	日本共産党
2014 年	1765.9	731.4	977.6		838.2			606.3
2017 年	1855.6	697.8		338.7		1108.5	967.8	440.4

単位は万票。

● 自民党員数はピーク時の18%

　多党状態といっても、自民党の得票数が突出しているとの見方があるかもしれません。確かに前述の比例代表選挙の得票数は1800万票前後であるのに比べ、第二党のそれは1000万票前後です。

　しかし、自民党の得票は、積極的に支持であるとは限らず、与党であるがゆえの得票に過ぎないのではないでしょうか。というのも、自民党の党員数のピークは1991年の約547万人で、1998年以降は減少し続け、2012年末には73万人台まで落ち込みました。そこで、同党は、党員数を120万人とする目標を掲げ、議員にノルマを与え、未達成者に「罰金」を科したほどでした（「自民党員数　16年ぶり増加　78万人台に」産経新聞2014年4月21日19時36分）。

　その結果、党員は増加し、2016年末の党員数は98万7182人になったのですが、それでも党員ピーク時の18%にとどまります（「27年末自民党員数、前年比1割増の98万7千人　120万人の目標はなお未達」産経新聞2016年3月8日12時31分）。政治資金収支報告書の記載によると、党費を支払った自民党員はもっと少なく、2016年末で87万人弱です。

　それゆえ、自民党の支持基盤は脆弱ですから、いったん支持率が低下すると簡単に第一党の座を譲り渡すことになりかねないのです。実質的には一党優位状態というよりも多党状態とみなす方が実態に合っていそうです。

第3章　立憲主義・民意の蹂躙、国民生活の破壊　53

2 自民党のバブルな政治資金と「政治とカネ」問題

●衆参選挙結果に連動している政党交付金（政党助成金）

　本書第2章では、衆議院の小選挙区選挙と参議院の選挙区選挙が民意を歪曲し、大政党の過剰代表と中小政党の過少代表という弊害を生み出していることなどを指摘しました。

　この弊害は、衆参の国政選挙の結果に連動している政党交付金（政党助成金）の過剰交付と過少交付を生み出してもいるのです。少し説明しましょう（詳細は、上脇博之『政党助成金の闇』日本機関紙出版センター・2014年、第2章第2節を参照）。

　政党交付金は国民の税金が原資です。毎年各「政党」に対して交付される政党交付金の総額は政党助成法によると「人口に250円を乗じて得た額」とされます（第7条第1項）。「人口」「有権者数」「投票者数」のうち一番大きい数字は「人口」です。これに「250円」を乗じて算出される総額は高額になります。「人口」が大幅に減少しない限り高額の政党交付金が確保される仕組みです。

　また、これを受け取れるのは「政党」に限られています。政党であったとしても、すべての政党が受け取れるわけではありません。政党助成法はその第2条で政党助成における「政党」の定義をおこなっています。これによると政治団体のうち、

　(a)「所属する衆議院議員又は参議院議員を5人以上有するもの」

　(b)「衆議院議員又は参議院議員を有するもの」で、直近の衆議院議員総選挙または直近（前回）の参議院議員通常選挙・その直近（前々回）の通常選挙において「得票総数が当該選挙における有効投票の総数の100分の2以上であるもの」

　この2つの要件のいずれかを充足する「政党」だけが政党交付金の交付を受ける資格を有することになります。これ以外の政党は「政党」とはみなされず、政党交付金を受け取る資格が認められていません。

　政党交付金の総額は、その「政党」に交付されるのですが、すべての「政

党」に同額の交付金が交付されるわけではなく、「毎年分として政党に対して交付すべき政党交付金の額」は、政党助成法によると「議員数割の額」と「得票数割の額」とを「合計した額」とされ（第8条）、「毎年分の議員割及び得票数割の総額」は「総額のそれぞれ2分の1に相当する額」と定められています（第7条第2項）。

　要するに、各政党への交付額は、総額の半分が、全政党の衆参の所属議員合計数に対して各政党の所属議員数の占める割合で決定され、残りの半分が、全政党の衆参の得票合計数に対して各政党の得票数の占める割合で決定し、各政党の両者の合計額が各政党への交付額になるのです（表3-5を参照）。

表3-5　各政党に交付する政党交付金の額の計算方法

区分			各政党に交付する政党交付金の額の計算		
議員数割 ［政党交付金総額の1／2］			議員数割 （1／2） × $\dfrac{当該政党の国会議員数}{届出政党の国会議員数の合計}$		①
得票数割 ［政党交付金 総額の1／2］	衆議院議員 総選挙 ［前　回］	小選挙区	得票数割 （1／2）　×　1／4　×	得票割合※	②a
		比例代表	得票数割 （1／2）　×　1／4　×	得票割合※	②b
	参議院議員 通常選挙 ［前　回］ ［前々回］	比例代表	得票数割 （1／2）　×　1／4　×	得票割合の平均 （前回・前々回）	②c
		選挙区	得票数割 （1／2）　×　1／4　×	得票割合の平均 （前回・前々回）	②d
政党への政党交付金の配分額			①＋②（a～dの計）		

※得票割合＝ $\dfrac{当該政党の得票数}{届出政党の得票数の合計}$ 　　「得票割合」は、
有効投票総数に対する得票率とは異なります。

1000円未満を切り捨て。出典：総務省のHP

　各政党への政党交付金の額は、毎回1月1日を基準日として算出されます（表3-6を参照）が、衆議院議員総選挙または参議院議員通常選挙がおこなわれた場合には、選挙後に選挙基準日が設けられ、以降の交付額は改めて算定されることになっています（表3-7を参照）。

　注意を要するのは、「政党」要件を充足していても、1月（または国政選挙後に）に政党交付金の年間決定額を算定・決定するための手続きをとらないと、その「政党」の年間政党交付金額は算出・決定されないということです。政党

第3章　立憲主義・民意の蹂躙、国民生活の破壊　　55

助成法制定後、日本共産党は「政党」要件を充足し続けてきましたが、「政党交付金は憲法違反だ」として、その手続きをとってきませんでしたので、日本共産党分の「政党交付金」は算定されてきませんでした。

表3-6　当初の 2017 年分政党交付金決定額（衆院総選挙後に再算定）

政党名	議員数割	得票数割	年間交付決定額
自民党	99 億 8050 万 5628 円	76 億 4213 万 1194 円	176 億 2263 万 6000 円
民進党	35 億 1969 万 5221 円	51 億 9927 万 5382 円	87 億 1897 万 0000 円
公明党	14 億 4645 万 0091 円	16 億 8891 万 9042 円	31 億 3536 万 9000 円
日本維新の会	6 億 5090 万 2540 円	3 億 5866 万 4243 円	10 億 0956 万 6000 円
自由党	1 億 4464 万 5009 円	2 億 5403 万 1589 円	3 億 9867 万 6000 円
社民党	9643 万 0006 円	2 億 9893 万 8061 円	3 億 9536 万 8000 円
日本のこころ	4821 万 5003 円	4 億 4488 万 3986 円	4 億 9309 万 8000 円
合計	158 億 8684 万 3500 円	158 億 8684 万 3500 円	317 億 7368 万 3000 円

表3-7　2017 年分の政党交付金再算定額と第 4 回交付額

政党名	年間交付決定額	年間再算定交付額
自民党	176 億 2263 万 6000 円	176 億 0296 万 8000 円
民進党	87 億 1897 万 0000 円	78 億 8506 万 6000 円
公明党	31 億 3536 万 9000 円	31 億 0453 万 8000 円
日本維新の会	10 億 0956 万 6000 円	10 億 5966 万 5000 円
希望の党	―	5 億 0348 万 5000 円
立憲民主党	―	4 億 3709 万 3000 円
自由党	3 億 9867 万 6000 円	3 億 7713 万 1000 円
社民党	3 億 9536 万 8000 円	3 億 9282 万 2000 円
日本のこころ	4 億 9309 万 8000 円	4 億 1091 万 5824 円
合計	317 億 7368 万 3000 円	317 億 7368 万 3824 円

「日本のこころ」は 10 月に「政党」要件を充足しなくなったので、当初の政党交付金決定額の 12 分の 10 から既交付額を控除した金額が「特定交付金」として交付。再算定による合計額は「特定交付金」を含む。

● 自民党の政治資金はバブル状態

　ところで、日本全体の政治資金はバブル経済時代と比較すると今は減少しています。1986年から1989年までの 4 年間の平均の政治資金は約1643億円だったのです（政治資金の過去最高額は1991年の1867億円）が、2013年から2016年までの 4 年間の平均の政治資金は約1097億円であり、546億円も減少しています（表3-8を参照）。

表 3-8　総務大臣提出分政治資金「本年の収入」（バブル時代 4 年と直近 4 年）

年	本年の収入	年	本年の収入
1986 年（衆参同日選挙）	約 1676 億円	2013 年（参議院通常選挙）	約 1134 億円
1987 年（統一地方選挙）	約 1442 億円	2014 年（衆議院総選挙）	約 1072 億円
1988 年	約 1723 億円	2015 年（統一地方選挙）	約 1102 億円
1989 年（参議院通常選挙）	約 1733 億円	2016 年（参議院通常選挙）	約 1080 億円
平均	約 1643 億円	平均	約 1097 億円

総務省（自治行政局選挙部収支公開室）発表の「平成 28 年分政治資金収支報告の概要（総務大臣届出分）」における冒頭の「収支の概況」のグラフを参照。なお、1986 年から 1989 年までの 4 年間を取り上げるのは、バブル経済時代であることに加え、政党交付金の「250 円」が 1986 年から 4 年間の政党の全収入 900 億円の 3 分の 1 である 300 億円を人口数 1 億 2300 万人で割ったものだった（田中宗孝『政治改革 6 年の道程』（ぎょうせい・1997 年、281-282 頁）からである。

　一方、日本の最大政党である自民党の政治資金は、バブル経済時代と比較しても減少してはいません。むしろ若干増えています。同党の 1986 年から 4 年間の平均の政治資金は約 206 億円でしたが、2013 年から 4 年間の平均の政治資金は 241.5 億円で、約 35 億円余りも増えています（表3-9を参照）。つまり、自民党の政治資金はバブル状態なのです。

表 3-9　自民党本部の政治資金収入（バブル時代 4 年と直近 4 年）

年	本年の収入	年	本年の収入
1986 年（衆参同日選挙）	約 205.5 億円	2013 年（参議院通常選挙）	約 233.0 億円
1987 年（統一地方選挙）	約 149.9 億円	2014 年（衆議院総選挙）	約 234.3 億円
1988 年	約 222.8 億円	2015 年（統一地方選挙）	約 257.5 億円
1989 年（参議院通常選挙）	約 246.2 億円	2016 年（参議院通常選挙）	約 241.3 億円
平均	約 206.1 億円	平均	約 241.5 億円

● 過剰交付される政党交付金

　その原因は、自己調達資金が確保できているからではなく、国民の税金が原資の政党助成金を日本で一番受け取っているからです。自民党の直近の 4 年間の政党交付金の平均は 169 億円もあり、同党の本年収入のうち政党交付金の占める割合は、直近 4 年平均で約 67％です。国営政党状態です（表3-10を参照）。

　政党交付金が過剰交付されていることを理解していただくために、衆参の比例代表選挙における各政党の得票数 1 票につき 250 円（その半分は衆議院のそ

第 3 章　立憲主義・民意の蹂躙、国民生活の破壊

表 3-10 自民党の「本年の収入」、政党交付金の占める割合

年	本年の収入	その内の政党交付金	その割合
2013 年（参議院通常選挙）	約 233.0 億円	約 145.5 億円	約 62.4%
2014 年（衆議院総選挙）	約 234.3 億円	約 157.8 億円	約 67.3%
2015 年（統一地方選挙）	約 257.5 億円	約 170.0 億円	約 66.0%
2016 年（参議院通常選挙）	約 241.3 億円	約 174.4 億円	約 72.3%
平均	約 241.5 億円	約 169.2 億円	約 67.0%

れ、残り半分は参議院の2回のそれ）を乗じて、各党の民意に比例した政党交付金を試算し、2013年の実際の政党交付金の金額との比較をしましょう。

　具体的には、2012年衆議院総選挙の比例代表選挙での各党得票数に125円（250円の半額）を乗じ（A）、2010年と2013年の参議院通常選挙における各比例代表選挙の得票数の合計に残りの125円（同）を乗じ（B）、両者を合計（A＋B）して各政党の政党交付金額を試算します。

　この試算によると、政党交付金の年間総額は318億円弱から192億円に減るのです。この試算からすると、現状は年間で125億円超が諸政党に過剰に交付されていることになります。

表 3-11　2013 年各党政党交付金再算定額と 1 票 250 円試算額

政党名	2013 年再算定額	1 票 250 円による試算
自民党	150 億 5858 万 2000 円	61 億 4455 万 7000 円
民主党	77 億 7494 万 4000 円	44 億 0162 万 5000 円
日本維新の会	29 億 5620 万 5000 円	23 億 3354 万 6000 円
公明党	25 億 7474 万 7000 円	27 億 9049 万 8000 円
みんなの党	20 億 2768 万 7000 円	22 億 4304 万 9000 円
生活の党	7 億 8787 万 0000 円	5 億 4596 万 8875 円
社民党	4 億 9434 万 4000 円	6 億 1484 万 5000 円
新党改革	1 億 1549 万 2000 円	1 億 6339 万 7000 円

試算は 1000 円未満切り捨て。

個々具体的に見ると、150.5億円超の政党交付金を受け取っていた自民党は、61.4億円程度になるので、89億円超を失うことになりますが、言い換えれば、民意よりも89億円超も過剰に受け取っていた計算になります。民主党、日本維新の会など他の政党も、同様に多額の政党交付金を失う計算になるので、過剰交付を受けていたことがわかります。

　一方、私の試算であっても政党交付金が増える政党があります。それが公明党、みんなの党、社民党です（表3-11を参照）。

● 発覚し続ける「政治とカネ」問題

　"中選挙区制では、自民党の場合、同じ政党同士で当選を競うので、政策選挙にならず利益誘導政治になるから、小選挙区選挙にすれば利益誘導政治にならないし、また、税金である政党交付金を交付すれば、汚いカネに手を出さないで済む"との理由で、1994年「政治改革」のとき、"衆議院の選挙制度を小選挙区中心にし、政党助成金を導入すると、政治腐敗が予防できる"旨の主張がありました。

　しかし、現実には自民党は小選挙区選挙等で過剰代表され、その結果として政党交付金も過剰交付されるため政治資金はバブル状態なので、同党の国会議員らは市民から寄付を集める努力を一生懸命しなくても政治資金が確保できますし、政治資金の無駄遣いも横行してきました。また、周知のように、いまだに看過できない「政治とカネ」問題を起こし、多くの事件が発覚し続けています（詳細は、上脇博之『財界主権国家・ニッポン』日本機関紙出版センター・2014年、同『告発！　政治とカネ』かもがわ出版・2015年、同『追及！　安倍自民党・内閣と小池都知事の「政治とカネ」疑惑』日本機関紙出版センター・2016年を参照）。

　以上のように、「政治とカネ」のスキャンダルはいまだに根絶されず、発覚し続けています。小選挙区選挙や政党助成金が「政治とカネ」問題の根絶になると宣伝されましたが、明らかに机上の空論でした。

● 高額な使途不明金・裏金支出問題

　さらに、一番高額な政党交付金を受け取っている自民党は、政治資金において高額な使途不明金があるのです。自民党本部は、幹事長などの一部の国会議

員個人に対し「組織活動費」等の名目で寄付しており、それが、最終的にいつ何の目的で誰に対し支出されたのか、どこにも報告されていません、つまり、使途不明金になっているのです。

　自民党本部は「組織活動費」または「政策活動費」名目で、例えば、衆議院総選挙のあった1996年は約74.3億円を、複数の国会議員に対し支出した旨、各政治資金収支報告書に記載していました。その後も、例えば、衆議院総選挙のあった2000年は約85億円の「政策活動費」の支出があり、使途不明金になっていました（参照、上脇博之『告発！　政治とカネ』かもがわ出版・2015年、138頁以下）。

　もっとも、国民の批判もあり、その後、合計額は減少するのですが、しかし、今でも毎年続いているのです。例えば、自民党が下野していて参議院通常選挙のあった2010年でも7億7900万円、政権復帰後、12月の衆議院総選挙でも勝利した2014年は15億9260万円、夏の参議院通常選挙でも勝利した2016年は17億390万円でした（表3-12を参照）。

表3-12　政党本部の幹事長らへの寄付

1996年～2004年の自民党本部			2010年～2015年の自民党本部		
年	政策活動費の金額	国政選挙	年	政策活動費の金額	国政選挙
1996年	74億2731万円	衆議院総選挙	2010年	7億7900万円	参議院通常選挙
1997年	28億9120万円		2011年	5億6670万円	
1998年	58億5070万円	参議院通常選挙	2012年	9億6510万円	衆議院総選挙
1999年	48億0470万円		2013年	12億9080万円	参議院通常選挙
2000年	85億0385万円	衆議院総選挙	2014年	15億9260万円	衆議院総選挙
2001年	58億2051万円	参議院通常選挙	2015年	12億3920万円	
2002年	45億6450万円		2016年	17億0390万円	参議院通常選挙
2003年	73億1780万円	衆議院総選挙			
2004年	34億4720万円	参議院通常選挙			

　これら使途不明金は政治や選挙で裏金になっている可能性が高いのです。「組織活動費」「政策活動費」名目の使途不明金の年間額が異常に高額なの

は、他党の場合と比べても突出しています。

　自民党本部の以上の手法は、大なり小なり、各都道府県支部連合会や各政党支部でも同様に模倣されており、使途不明の支出がおこなわれています（詳細は上脇博之『追及！　安倍自民党・内閣と小池都知事の「政治とカネ」疑惑』日本機関紙出版センター・2016年、141頁以下）。

　要するに、自民党は、選挙において全国各地で裏ガネとして支出し、衆参の国政選挙で圧勝しているのです。

3 立憲主義と民意の蹂躙

●国民の多数と国会の多数の逆転現象

　小選挙区選挙により「つくられた多数派」「虚構の上げ底政権」が人工的に生み出されると指摘しましたが、それは、国民の多数から乖離した国会の多数に基づく政権を生み出していることを意味しています。言い換えれば、国民の多数と国会の多数の逆転（ねじれ）現象が生まれることを意味しています。

　それは、自公政権は言うまでもなく、政権交代によって実現した民主党中心の政権の時代においても当てはまる現象でした。当時の民主党は国民の期待を裏切り、第二自民党、第二財界政党となり、財界に都合の良い保守二大政党化を生み出し、この保守二大政党化は、"事実上の大連立"であり、国民から乖離してしまい、国会と民意の間での逆転現象を生じさせてしまったからです。

　例えば、原発問題について言えば、当時の民主党と自公両党は、原発の再稼働を認める原発推進または原発肯定でしたが、国民の多数は脱原発の立場でした。朝日新聞社が2012年5月に実施した世論調査によると、原発に対する政府の安全対策を「信頼している」は「大いに」「ある程度」を合わせて21％にとどまり、「信頼していない」が「あまり」「まったく」を合わせて78％にのぼりましたし、大飯原発の運転再開については、反対が54％で、賛成の29％を上回っていました。野田政権が新しいエネルギー政策を決めるための「国民

第3章　立憲主義・民意の蹂躙、国民生活の破壊　61

的議論」としてきた討論型世論調査、意見聴取会、パブリックコメント（意見公募）の結果が8月22日に出そろい、30年の電力に占める原発割合について、すべての調査で「原発ゼロ」の支持が最も多かったのです。

消費税増税についても同様です。例えば、共同通信社が2012年8月11、12日に実施した世論調査によると、消費税増税法成立に基づく税率引き上げに反対と回答したのは56.1%で、賛成の42.2%を上回りました。大手全国新聞が消費増税を推進する紙面づくり、社説を掲げましたが、それでも消費増税反対は過半数を維持しています。

米海兵隊の垂直離着陸輸送機MV22「オスプレイ」の配備についても、民自公はこれに反対せず、国民の多数は反対していました。例えば、時事通信社が2012年8月中旬に実施した世論調査によると、オスプレイの米軍普天間飛行場への配備をめぐり、「安全性が確認できれば沖縄配備を認めるとする政府方針」について聞くと、「支持しない」が57.8で、「支持する」は32.5%にとどまっていました。

このように、保守二大政党化の時期、民意の多数と国会の多数の間に逆転が生じてしまい、民意に基づく政治ができていなかったわけです。

また、2012年12月の衆議院総選挙でも逆転現象が起きました。東京新聞が公示直前におこなった世論調査と、東京都の25選挙区に立候補した134人を対象におこなったアンケートを比較した結果を公表しています（「脱原発　世論6割、当選3割　3大争点すべてズレ」東京新聞2012年12月17日朝刊）。

それによると、「原発では、世論の約6割が原発ゼロを訴えていたが、東京の25選挙区でも自民党候補が続々と勝利。当選した自民党の中にはアンケートで「原発ゼロ」と答えた候補もいたが、25人の中で脱原発を求める当選者は28%にとどまった」「消費税増税について世論調査では反対が55.6%で、半数を超えていた」が「自民党が小選挙区で躍進し、公明党も議席を獲得したため、結局、増税勢力が多数を占めた」「憲法9条は、世論調査では改憲反対と賛成が拮抗していたが、選挙結果では改憲し「国防軍」を明記すると主張した自民党が勝利。維新も含めた「改憲勢力」で3分の2を占めた全国的な傾向と同様の結果となった」というのです。

このような逆転現象が生じてしまう制度上の最大の理由は、何といっても小

選挙区中心の選挙制度です。

● 日米安保体制のグローバル化

　小選挙区選挙導入前の1990年にイラクがクウェートに侵攻したことを機に、アメリカは国連の集団安全保障体制の下で、安全保障理事会の決議を利用して戦争をおこなってもきました。

　日本では、自衛隊の海外「派遣」（派兵）がおこなわれたのも湾岸戦争後であり、掃海艇が皇軍を讃える軍艦マーチ演奏の中で「派遣」されました。その後1992年には、いわゆるPKO協力法（国際連合平和維持活動等に対する協力に関する法律）が制定され、また後述するように幾つかの特別措置法が制定され、自衛隊は「海外派遣」（海外派兵）されてきました。

　小選挙区選挙導入後の1996年４月17日の「日米安保共同宣言」、翌97年９月23日の「新ガイドライン（新日米防衛協力指針）」により日米安保体制のグローバル化が目指されましたが、９条の明文改憲ができないため、自公政権・与党は、周辺事態法など新ガイドライン関連法を制定し（1999年５月）、自衛隊による後方地域支援、後方地域捜索救助活動、船舶検査活動などを法律上可能にしました。

　また、今世紀に入り、いわゆる「同時多発テロ」を受けたアメリカのアフガニスタンへの国際法違反の「報復戦争」を支援するためのテロ対策特別措置法も制定し（2001年10月）、自衛隊による協力支援活動、捜索救助活動、被災民救助活動などを法律上可能にしました。アメリカの国際法違反の先制攻撃に基づく軍事占領を支援するための「イラク復興支援」特別措置法も制定し（2003年７月26日）、多国籍軍への自衛隊参加を法律上可能にしました。

　以上が広義の有事立法であるとすれば、狭義の有事法制の整備もその間、おこなわれてきました。第１弾として、政府与党は、有事関連３法を成立させましたし（2003年６月６日）、第２弾として有事関連７法を成立させました（2004年６月14日）。

　以上は基本的にすべて憲法第９条に違反するものです（詳細は上脇博之『日本国憲法の真価と改憲論の正体』日本機関紙出版センター・2017年、第３章）。

● 立憲主義の蹂躙としての「解釈改憲」「立法改憲」

　さらに、安倍自公政権は、2014年7月1日に、主権者国民の多数が反対している中、日本が外国から武力攻撃を受けていなくても「我が国と密接な関係にある他国に対する武力攻撃が発生」したら、他国の戦争に参戦することを認める閣議決定を強行しました。これは、「他衛権」である「集団的自衛権」の行使について認めたもので、「解釈改憲」の強行であり、一種のクーデターの始まりです。

　そして、これを具体化するための法整備となる「立法改憲」も国会の数の力で強行されました。自公与党は、2015年5月、安保関連法案に合意（2015年5月11日）し、安倍内閣は同法案を閣議決定し（5月14日）、国会に提出しました（翌15日）。「平和安全法制」11法案は、現行法の改正案10本を一括した「平和安全法制整備法案」と、自衛隊の海外派遣の恒久法「国際平和支援法案」で構成されていました。それらは明らかに憲法第9条に違反する戦争法でした（詳細は上脇博之『日本国憲法の真価と改憲論の正体』日本機関紙出版センター・2017年、第5章）。

● 民意の蹂躙

　安保関連法案については、マスメディアの世論調査によると、おおむね国民の6割程度が反対で、賛成は3割程度でした（表3-13を参照）。衆議院特別委員会で2015年7月15日、安倍首相は安保関連法案について「国民の理解が得られていないのは事実だ」と認めました。しかし、自公与党は、その直後、同法案の採決を強行したのです。

　審議が参議院に移っても、審議の中断は111回も繰り返され、なぜ集団的自衛権の行使が必要なのか、法案の根幹部分についてさえ、政府はまともな答弁ができなくなり、審議を進めれば進めるほど矛盾が露わになり、最後はボロボロの状態に追い込まれました。安倍政権さえ本心では法案が違憲だと思っているからこそ答弁も矛盾だらけで、野党や国民を納得させる説明ができなかったのです。

　衆議院での採決直後の世論調査を見ても、世論は厳しい評価を下しており、

強行採決に批判的意見が採決前と同様に多かったのです（表3-14を参照）。

　安保関連法案は、同年9月19日に参議院で強行採決されて、「成立」しましたが、毎日新聞の調査では、成立を「評価しない」が57％で、「評価する」の33％を上回り、参院平和安全法制特別委員会で与党が強行採決したことに関しては「問題だ」が65％を占めました。安保関連法が「憲法違反だと思う」は60％となり成立前の7月調査（52％）より増加しています。審議が進むにつれて違憲論はむしろ強まったのです。

表 3-13　戦争法案に 60％近くが反対（2015年6月）

発表メディア	質問項目	賛成	反対
読売新聞（2015 年 6 月 8 日）	安全保障関連法案の今国会での成立について	30%	59%
朝日新聞（2015 年 6 月 22 日）	安全保障関連法案への賛否について	29%	53%
産経新聞（2015 年 6 月 29 日）	安全保障関連法案の今国会での成立について	31.7%	58.9%
NHK（2015 年 6 月 8 日）	安全保障関連法案の今国会での成立について	18%	37%
日本テレビ（2015年6月14日）	安全保障関連法案の今国会での成立について	19.4%	63.7%
共同通信（2015年6月21日）	安保法案に	27.8%	58.7%

表 3-14　戦争法案成立に「反対6割前後」

発表メディア	質問項目	賛成	反対
毎日新聞（2015 年 7 月 19 日）	安保法案に	27%	62%
	今国会成立について	25%	63%
朝日新聞（2015 年 7 月 19 日）	安保関連法案の今国会成立について	20%	69%
	安保法案採決強行について	17%	69%
	解釈改憲での集団的自衛権法整備に	10%	74%
日本経済新聞（2015年7月26日）	安全保障関連法案の成立について	26%	57%
産経新聞（2015 年 7 月 20 日）	安全保障法案の今国会成立について	29.0%	63.4%
読売新聞（2015 年 7 月 26 日）	安保法案今国会成立について	26%	64%
時事通信（2015 年 7 月 17 日）	安保法案は合憲だという意見に	19.8%	53.8%
共同通信（2015 年 7 月 18 日）	安保法案今国会成立について	24.6%	68.2%

以上のように自公政権・与党は、アメリカの要求に応えて立憲主義と民意を
蹂躙したのですが、それを可能にしてきたのは、民意を歪曲して自民党の過剰
代表と革新政党の過少代表を生み出してきた衆議院小選挙区選挙・参議院選挙
区選挙によるものなのです。

4 格差社会を生み出した「聖域なき構造改革」

●大企業のための新自由主義政策

　立憲主義と民意を蹂躙してきた軍事大国化の新保守主義の政治は、同時に、
福祉国家を否定し弱肉強食の新自由主義政策も推進してきました。自民党のス
ポンサーの財界が要求してきたからです。軍事大国化するためには国家予算は
福祉国家の予算では不可能ですから、福祉予算を削減する新自由主義政策を推
進してきました。アメリカがその代表例です。

　経済的弱者である中小零細企業の経済活動の自由（憲法第22条）は、財界の
要求した新自由主義政策である「聖域なき構造改革」により実質的に侵害さ
れ、大企業や多国籍企業の経済的自由を不当に拡大させてきたため、構造的な
格差社会を生み出しました。

　大企業の法人税の実効税率（国税である法人税に地方税である法人住民税、法
人事業税を加えた税率）は40％だった時もありますが、今では29.74％まで引
き下げられ（そのうえ、研究開発減税や外国税額控除もある）、1989年に３％で
始まった消費税率は今では８％に引き上げられています（10％への引き上げは
2019年10月まで延期）。

　企業が蓄えたもうけを示す「内部留保」（毎年の決算で、製品やサービスの
売上高から、人件費や原材料費、借金の利払い費、法人税などを差し引き、残った
「最終（当期）利益」から株主への配当などを支払い、最後に残ったお金）が
増え続けています。財務省の法人企業統計によると、2015年度は377兆8689
億円と前年度から約23兆円増加し、４年連続で過去最高を更新したと毎日新

聞が報じました（「内部留保 増え続け377兆円　賃上げ、投資　迫る政府」毎日新聞2016年11月6日11時24分）。

　また、大企業の役員報酬額は超高額です。例えば、『東洋経済』の上場企業役員報酬についての報道によると、キョウデン前会長（橋本浩）12億9200万円（大半は退職慰労金）、カシオ計算機代表取締役（樫尾和雄）12億3300万円など、10億円以上は5名もおり、1億円超は443名もいるというのです（『役員四季報』編集部「高額役員報酬ランキング」2015年3月18日）。これは明らかに不当な搾取の結果です。

　さらに、高額な役員報酬を受け取っている経営者の所得税の税率も引き下げられてきました。かつて8000万円を超す所得に対する税率は75％でしたが、消費税導入後、大幅に引き下げられ、2007年改定では40％となりました（ただし、2013年改正で45％）。

●ワーキングプアの連鎖

　一方、これまで自公政権は新自由主義政策を強行してきたため、労働法制も改悪してきました。特に労働者派遣法（1985年制定、1986年施行）は2003年の「改正」で物の製造業務にまで派遣が解禁されるなどしたため、大勢の非正規労働者を生み出し、企業が労働者を使い捨てることを容易にしてきました。

　非正規労働者が2000万人を超すなか、非正規の7割が年収200万円に届かないことが、連合などのアンケートで分かったと報じられました（「非正規労働者7割が年収200万円届かず…連合など調査」毎日新聞2016年1月20日11時51分）。

　絶対的貧困は、子孫に継承されつつあります。日本を訪れているユニセフ＝国連児童基金のレーク事務局長がNHKの取材に応じ、「日本のおよそ16％の子どもが深刻な貧困状態にある」等と、日本の子どもの貧困率が先進国でも高い水準にあることに懸念を示し、格差の解消に向けて教育などの機会の平等を確保すべきだという考えを示したほどでした（「ユニセフ事務局長 日本の子どもの貧困率に懸念」NHK 2017年12月14日4時42分）。

●生存権侵害としての生活保護費の削減

　人命と生活のセーフティーネットであり、憲法第25条の生存権を具体化し

たものが、生活保護の予算です。それはこれまで削減されてきましたが、さらに削減されようとしています。

2017年度当初予算によると、国と自治体を合わせた生活保護費は約3兆8000億円です。厚生労働省は、2018年度から、生活保護費のうち、食費や光熱費などの生活費にあたる「生活扶助費」の引き下げ（上限5％。原案は10％）方針を固めました。その方針によると、2018年10月から2020年度までの3年間に段階的に見直し、最終的に扶助費は年150億円前後減らす見込みだというのです（「生活保護の食費、光熱費　減額5％を上限に　厚労省方針」朝日新聞2017年12月16日6時00分）。これも安倍政権が「戦争する国家」づくりに突入した結果です。生存権（憲法第25条）侵害です。

財界の要求に応えてきた自公政権・与党による新自由主義政策の強行を可能にしてきたのは、民意を歪曲して自民党の過剰代表と革新政党の過少代表を生み出してきた衆議院小選挙区選挙・参議院選挙区選挙によるものなのです。

●防衛費の膨張と武器輸出の国策化

以上の生活保護費の削減は、自民党そのものが貧困層や労働者のための政党ではなく、富裕層や財界のための政党であるがゆえの帰結なのですが、さらに、国際法に違反して戦争をおこなってきた「ならず者国家」アメリカのために日本が「戦争する国家」になることの帰結でもあります。

例えば、2012年12月の総選挙で再び政権に就いた安倍自公政権は、国民の血税を防衛費の増額に費やしてきました。防衛費は、旧民主党政権が編成した2012年度予算では4兆7138億円でしたが、安倍政権になって2013年度以降増額が続き、2016年度に初めて5兆円を突破しました。そして、トランプ米大統領が2017年11月の日米首脳会談で米国製防衛装備品の購入拡大を求めたことも受けて、政府は2018年度予算案で5兆2000億円程度に増やす方向で調整に入りました。2017年度当初予算（5兆1251億円）を上回り過去最大になりそうです（「防衛費は過去最大の5.2兆円に　30年度予算案　北朝鮮や中国対応を強化」産経新聞2017年12月1日5時）。

また、政府は、2017年度補正予算案の防衛費について、2000億円を上回る規模とする方向で最終調整に入りました。2016年度分の防衛費に関する補正

予算の合計額（1986億円）よりも多くなります。航空自衛隊の地対空誘導弾パトリオット「PAC3」の改良型「PAC3MSE」の取得費についても、2018年度予算案に防衛省が概算要求していた分を前倒しして計上するというのです（「防衛費補正2000億円　政府最終調整ミサイル関連計上」東京新聞2017年12月14日朝刊）。

　以上のうち、例えば、地上配備型の新型迎撃ミサイルシステム「イージス・アショア」（1基当たり1000億円弱）を2基約2000億円も導入するために、2017年度補正予算と2018年度予算に関係予算を盛り込む方針のようです（「新型迎撃ミサイル イージス・アショア“1基1000億円弱”」ＮＨＫ2017年12月12日11時12分）が、それは、攻撃される前に敵国の基地を攻撃（先制攻撃）する「敵基地攻撃能力」を保有することにもなりえます。「戦争する国」づくりの一環でもあり、戦力の保持を禁止している憲法第9条第2項に違反することはあまりにも明白です。

　ところで、日本政府の「武器輸出三原則」は憲法9条に基づき1967年に佐藤栄作首相が答弁で表明し、1976年2月に三木武夫首相が衆議院予算委員会における答弁で「武器輸出に関する政府統一見解」として表明したもので、それ以降、日本政府は、例外を個別に認めてきたものの、武器輸出を原則禁止してきました。

　ところが、安倍政権は「死の商人」である軍需産業の意向に応えて、2014年4月1日に「武器輸出三原則」を撤廃し、「防衛装備移転三原則」へと改悪し、一定の条件下で武器や関連技術の輸出を包括的に解禁する閣議決定を強行し、武器の輸出を国策化しました。そして、大学を巻き込んで軍学共同を進め、日本を「武器輸出大国」「死の商人国家」にしようとしています（詳細は、池内了ほか『武器輸出大国ニッポンでいいのか』あけび書房・2016年を参照）。

　これも憲法第9条の対極にあるもので、それを容易にしたのも衆議院小選挙区選挙と参議院選挙区選挙です。

第3章　立憲主義・民意の蹂躙、国民生活の破壊

第4章
憲法が禁止・要請している選挙制度

1 「国会の自由裁量」論は間違い

●裁判所は「立法府の裁量」と考えている

　憲法は衆議院や参議院の各議員を選出するための選挙制度について具体的に明記しておらず、「選挙区、投票の方法その他両議院の議員の選挙に関する事項は、法律でこれを定める」と定めています（第47条）。

　この規定を根拠に選挙制度については法律を制定する国会（立法府）の判断に委ねており、国会がどのような選挙制度を採用しようと、原則として憲法違反になることはない、と考える立場があります（例外は投票価値の平等であり、この点で議員定数不均衡は憲法問題となります）。

　最高裁判所も、基本的にはこのような立場であり、選挙制度の採用については「国会の裁量」（立法裁量）であり、その裁量の限界を超えない限り憲法に違反することはない、と判断してきました。言い換えれば、裁量の限界を超えれば憲法違反になるが、そうでない限り憲法違反にはならない、というのです。その結果として、小選挙区選挙も違憲ではないと判示してきました（例え

ば、1999年11月10日最高裁大法廷判決）。

　しかし、そのような立場には重大な疑問が生じます。

● 選挙制度は「実質的な意味での憲法」（最高法規）

　そもそも憲法は「国の最高法規」です（憲法第98条第1項）。選挙制度について定めている法（法律）は「国の在り方の基本を定める法」ですから「実質的な意味での憲法」に相当します。にもかかわらず、「最高法規」（憲法）の中身である選挙制度について原則として国会で制定する法律で自由に定めてよい（「立法裁量」に委ねている）と解釈して良いとは思えません。

　選挙制度に関する「上位規範」（憲法）の主要な中身が「憲法の下位規範」（法律）によって基本的に全て自由に決定されるというのは、憲法の最高法規性から考えて許されないからです。

● 国会の多数派の暴走に歯止めを

　また、立法府である国会（衆参両院）を構成するのは議員ですが、政党の発達した今日においては政権政党の与党と非政権政党の野党が対峙しており、議院内閣制のもとでは、国会内の多数派である与党は国会だけではなく内閣も基本的に支配できますから、多数派は権力欲のため、自分達の都合の良いように選挙制度を決定する危険性が高くなります。

　それなのに、憲法は選挙制度について国会が基本的に自由に定めても構わないという立場であると解釈するのは、国会内の多数派に自分達の都合の良いように選挙制度を決定しても良いと言っているに等しいことになってしまいます。しかし、そのような解釈で良いとは思えません。

　そもそも近代以降の憲法は国家権力の暴走に歯止めをかけるために存在する法です。現に日本国憲法は、「天皇又は摂政及び国務大臣、国会議員、裁判官その他の公務員は、この憲法を尊重し擁護する義務を負ふ」と定める（第99条）とともに、「生命、自由及び幸福追求に対する国民の権利」について「立法その他の国政の上で、最大の尊重を必要とする」と定め（第13条）、憲法に「反する法律、命令、詔勅及び国務に関するその他の行為の全部又は一部は、その効力を有しない」と定めている（憲法第98条）のですから、選挙制度の採

第4章　憲法が禁止・要請している選挙制度　71

用につき憲法が与党の暴走の危険性に対し大きな歯止めをかけていないと理解することは近代以降の立憲主義の考え方からして許されないのでしょう。

ですから、選挙制度の採用につき日本国憲法は具体的に明文の定めをしておらず、細かい点で立法裁量の余地が残るとはいえ、憲法は原則として何らかの要請をしていると解釈すべきです。

② 選挙制度についての憲法要請

● 議会制民主主義からの要請（社会学的代表）

近代の市民革命においてブルジョアジーは、君主主権に対抗して、新たな主権原理である国民主権を唱えました。主権者は具体的な個々の国民であり主権を行使しますから、民主主義（直接民主主義）が要請されます。ただ、直接民主主義を全面的に採用することは、人口の多い近代国家では実際問題として不可能となり、やむを得ず代議制・議会制が採用されますが、その場合、制限選挙ではなく、普通選挙が要請されることになります。

憲法は普通選挙を採用しています（第15条）。普通選挙になると国民の圧倒的多くが選挙権や被選挙権を有するようになりますが、普通選挙を採用しているだけで代議制・議会制が議会制民主主義になるわけではありません。普通選挙に相応しい選挙制度をすることが必要になります。普通選挙の採用だけでは不十分なのです。

代議制・議会制が民主主義と結び付いて議会制民主主義になるためには、（直接）民主制によって国家の意思形成がおこなわれるのと可能な限り同じになるよう議会を構成することが要請されます。一部の国民の意思しか議会に反映しないというのでは、議会主義ではあっても議会制民主主義ではありません。

議会制民主主義であるためには、国民の意思が議会に反映されること、すなわち、できるだけ死票が生じないようにし、かつ議会（国会）を「国民（投票者）全体の縮図」にすること（民意を正確・公正に国会へ反映すること）が要請

されるのです（社会学的代表）。

　憲法は議員を「全国民を代表する」と定めています（第43条）が、これは社会学的代表を意味しており、選挙区を一つだけにする場合にも選挙区を複数設ける場合にも、この社会学的代表は要請されていると解すべきです。したがって、後者の場合には社会学的代表は全国的にも各選挙区にも要請されます。

● 社会学的代表に適合する選挙権・被選挙権

　そもそも憲法の保障している選挙権（第15条）とは、①選挙人の資格を与えられる権利であり、②選挙における投票権が含まれますが、さらに以上の社会学的代表から選挙権（第15条）の内実を理解すれば、③公正かつ正確に民意を反映する選挙制度の下で投票する権利、公正かつ正確に民意を反映する選挙制度の採用を要求する権利として理解すべきです

　また、憲法の保障している被選挙権においては、①選挙に立候補できる資格、②立候補する権利と理解されていますが、さらに以上の社会学的代表から被選挙権の内実を理解すれば、③公正かつ正確に民意を反映する選挙制度の下で立候補する権利として理解すべきです。

● 「投票価値の平等」からの要請

　憲法は普通選挙を明記し、平等選挙を要請していますから、投票価値の平等が憲法上要請されます（第14条・第44条）。複数の選挙区を設け、議員定数をそれぞれ設ける場合、ある選挙区と別の選挙区とで投票価値に大きな格差が生じ、不平等になることは許されません。立法府は、投票価値がどこの選挙区と比較しても1対1になるよう義務づけられているのです。

　もっとも、議員定数は整数でなければなりませんので、選挙区を複数設ければ、格差のない1対1にすることは事実上不可能ですから、格差が生まれます。しかし、それでも、格差が2倍以上になれば、事情を考えるまでもなく明らかに一人一票原則に反します（ただし、「格差が2倍未満なら当然合憲」というわけではありません）。

　では、その格差について何を基準に判断すべきでしょうか。具体的に言えば、まず、人口数には有権者以外の者が含まれていますから、各選挙区の「人

第4章　憲法が禁止・要請している選挙制度

口数」ではなく、各選挙区の「有権者数」を基準に格差は判断されるべきで、その格差が限りなく生じないように、つまり1対1になるようにすべきです。「有権者数」の比較で少なくとも格差が2倍を超えたら明らかに違憲です。

　また、投票する前の時点だけ平等であれば十分かといえば、そうではありません。投票時（後）に不平等であれば、平等とは言えないからです。ですから、投票時（後）も平等でなければなりません。それゆえ、各選挙区の「投票者数」でも格差は検討されるべきで、その格差が限りなく生じないように、つまり1対1になるようにもすべきです。「投票者数」の比較でも格差が少なくとも2倍を超えたら明らかに違憲であると結論づけるべきです（ただし、「格差が2倍未満なら当然合憲」というわけではありません）。

　複数の選挙区を設け、総定数以外に各選挙区に「定数」を定める場合には、「投票者の数」でそれが変動する方法が考えられますので、これがベストです。また、この方法だと、議員定数不均衡問題が生じることもありませんし、これまでのように議員や政党の思惑で当該問題が放置されることもありません。

● 原則対等な二院制からの要請

　憲法は二院制（衆議院と参議院）を採用しています。この二院制において衆議院と参議院は原則として対等です。憲法は「衆議院の優越」（例えば、衆議院が可決した法律案を参議院が否決しても、衆議院がそれを「3分の2」以上の賛成で再可決すれば法律となること）を採用しています（表4-1を参照）が、これはあくまでも二院制における例外です。

表 4-1　衆議院の優越

	衆議院の先議権	衆議院の3分の2再可決	衆議院の過半数議決が国会の議決	期間の要件	両院協議会の開催
法律案の議決	―	○		60 日	任意
予算案の議決	○	―	○	30 日	義務
条約の承認	―		○	30 日	義務
内閣総理大臣の指名	―		○	10 日	義務
会期の延長	―	―	○	―	任意

となると、憲法は、例外が原則になってしまわないよう衆議院の選挙制度の結果として「議会内多数派」（与党）が容易に「3分の2以上」になる結果を招くことを禁止していると解されます。そうしなければ、憲法が二院制、参議院を採用している意義は事実上失われてしまうからです。

したがって、国会はこの点で憲法を遵守しなければなりませんので、与党の得票率が全体の「3分の2未満」なのに議席占有率が「3分の2以上」になるような選挙制度を採用することは絶対に許されないと解釈すべきです。

● 権力分立制・議院内閣制からの要請

憲法は国家権力の暴走を防止するために中央集権を否定して三権分立制（国会＝立法府、内閣＝行政府、裁判所＝司法府）を採用していますが、それと同時に議院内閣制を採用してもいます。国会内多数派に支えられている議院内閣制のもとでは、国会内の多数派は国会と内閣という二権を掌握できます。

そこで、憲法は、国家権力の暴走に歯止めをかけるために、国会内多数派（与党）が容易に議席の過半数を獲得できる選挙制度を採用することを可能な限り禁止していると解すべきです。したがって、国会はこの点で憲法を遵守しなければなりませんので、過半数の投票を獲得しない諸政党が簡単に過半数の議席を獲得できる選挙制度を採用することは原則として許されないのです。

もちろん、議員の数は整数なので得票数は過半数でなくても議席数では過半数になってしまうことは避けられない場合もあるでしょう。しかし、明らかに得票では半数を大きく下回っているのに半数を大きく超える議席を得てしまうことは、権力分立制を採用している以上、憲法上許されないと解釈すべきです。

● 現代的権力分立制からの要請

議院内閣制を採用している権力分立制については、「国会（議会）」対「内閣（政府）」という伝統的な図式で理解するだけでは不十分です。ドイツでは「議会内多数派＝内閣」対「議会内少数派」の対立図式でも、権力分立制が語られてきました。これは、現代的権力分立制と呼ばれます。

日本国憲法は、議員の資格喪失阻止権（第55条）、議事開会・表決阻止権（第56条）、秘密会阻止権（第57条第1項）、議員除名阻止権（第58条第2項）、法律

第4章　憲法が禁止・要請している選挙制度　75

案議決阻止権（第59条）につきそれぞれ「３分の１」の少数派に、臨時会要求権（第53条）につき「４分の１」の少数派に、表決記載要求権（第57条第3項）につき「５分の１」の少数派に、それぞれ権能を認めています。これは少数派権と呼ばれます。

　憲法は国会を「国の唯一の立法機関」と定めています（第41条）から、「５分の１」未満の少数派にも法案提出権を認めていると解されます。内閣・与党を監視することは、「５分の１」未完の少数派にも期待されています。無所属議員や反体制的議会内政党も「現代的権力分立制」において存在意義があるのです。

　したがって、日本でも、「国会内多数派＝内閣」対「国会内少数派」の対立図式で現代的権力分立制を理解すると、国会内多数派（与党）の過剰代表と国会内少数派（野党）の過少代表を共に抑制することが必要になりますが、国会内少数派の議席を選挙制度を通じて可能な限り最大限確保することが現代的権力分立制にとって不可欠になります。

日本国憲法の定め

第41条　国会は、国権の最高機関であつて、国の唯一の立法機関である。

第53条　内閣は、国会の臨時会の召集を決定することができる。いづれかの議院の総議員の４分の１以上の要求があれば、内閣は、その召集を決定しなければならない。

第55条　両議院は、各々その議員の資格に関する争訟を裁判する。但し、議員の議席を失はせるには、出席議員の３分の２以上の多数による議決を必要とする。

第56条　両議院は、各々その総議員の３分の１以上の出席がなければ、議事を開き、議決することができない。

　２　両議院の議事は、この憲法に特別の定のある場合を除いては、出席議員の過半数でこれを決し、可否同数のときは、議長の決するところによる。

第57条　両議院の会議は、公開とする。但し、出席議員の３分の２以上の多数で議決したときは、秘密会を開くことができる。

2　両議院は、各々その会議の記録を保存し、秘密会の記録の中で特に秘密を要すると認められるもの以外は、これを公表し、且つ一般に頒布しなければならない。

3　出席議員の５分の１以上の要求があれば、各議員の表決は、これを会議録に記載しなければならない。

第58条　両議院は、各々その議長その他の役員を選任する。

2　両議院は、各々その会議その他の手続及び内部の規律に関する規則を定め、又、院内の秩序をみだした議員を懲罰することができる。但し、議員を除名するには、出席議員の３分の２以上の多数による議決を必要とする。

第59条　法律案は、この憲法に特別の定のある場合を除いては、両議院で可決したとき法律となる。

2　衆議院で可決し、参議院でこれと異なつた議決をした法律案は、衆議院で出席議員の３分の２以上の多数で再び可決したときは、法律となる。

3　前項の規定は、法律の定めるところにより、衆議院が、両議院の協議会を開くことを求めることを妨げない。

4　参議院が、衆議院の可決した法律案を受け取つた後、国会休会中の期間を除いて60日以内に、議決しないときは、衆議院は、参議院がその法律案を否決したものとみなすことができる。

第61条　条約の締結に必要な国会の承認については、前条第２項の規定を準用する。

3 憲法の要請に反する選挙制度と充足する選挙制度

●衆議院小選挙区選挙や参議院選挙区選挙は憲法違反

衆議院小選挙区選挙や参議院選挙区選挙は以上の憲法の禁止に反します。もっとも、小選挙区選挙の施行前であれば、政界再編の結果などで、私が前

述した憲法の要請に応える選挙結果が出ないとも限りませんから、小選挙区選挙それ自体を施行前に違憲であると断言できなかったのかもしれません。たとえそうだったとしても、本書第2章で確認したように施行後の実際の選挙結果を見ると、前述の憲法の要請に明らかに反していると結論づけられます。

1996年の衆議院総選挙で自民党は総定数500名のうち239名の当選者を出していましたが、もし完全な比例代表選挙が採用されていたと仮定し、当該総選挙における比例代表選挙の得票率を全国集計して試算すると、自民党は164名しか当選者を出せなかった計算になります。つまり、自民党は75名も過剰に議席を獲得しているわけです（表2-7を参照）。その原因は、すでに指摘したように過剰代表を生み出す小選挙区選挙でした（表2-4を参照）。

したがって、1996年衆議院総選挙の結果を踏まえて「適用違憲」という、注目すべき見解（小林武「新選挙制度の映し出したもの」法律時報69巻1号、1997年）がありました（ここでいう「適用違憲」論は、制度そのものが違憲ではないものの、民意が多様化している現状に小選挙区本位の選挙制度を「適用」して初めて「違憲」と解釈しています。中央選挙管理会は公職選挙法で明記されている選挙制度以外のものを「適用」する権限はないので、この「適用違憲」論は、実際には立法府の裁量権の濫用ないし逸脱という結論になります）。

私はその見解が妥当であると主張したうえで、さらに今後は違憲の推定を受けるので小選挙区選挙そのものが制度として違憲と解することができる（制度違憲）と主張してきました（上脇博之『政党国家論と国民代表論の憲法問題』日本評論社・2005年）。2000年以降の総選挙の結果は私の立場を実証したと言えるでしょう。特に、自公与党は「3分の2以上」の得票率を獲得していなかったのに「3分の2以上」の議席が付与され、参議院の存在意義を事実上喪失させたのですから違憲はあまりにも明白です。

要するに小選挙区選挙はいったん適用違憲が言えたのですから、この制度そのものが違憲あると帰結することができるのです。ですから、小選挙区選挙は即刻廃止すべきです。この点は、参議院の選挙区選挙も同様です。

●裁判所は違憲・無効と判決すべき

裁判所は、国民が選挙結果について提訴した場合、衆議院の小選挙区選挙も

参議院の選挙区選挙も、選挙権・被選挙権を侵害し違憲であるとして無効と判決すべきです。

　議員定数不均衡訴訟の場合であれば、少なくとも、衆議院の小選挙区選挙も参議院の選挙区選挙も、議員定数不均衡のゆえに投票価値の平等を侵害しているとして、選挙区割りは一体のものであり分けられないから全体として違憲・無効であると判決すべきです。

　そして、そのいずれであれ、無効判断は、選挙時点まで遡及させず、判決時点で無効と判示すれば、大きな混乱は生じないでしょう。衆議院も参議院も比例代表選出議員がいるので、当該議員により法案審議・可決も予算審議・承認もできるからです。

　たとえ１度目の違憲判決のときに、いわゆる事情判決（違法であるが、これを取り消すと公益が損なわれるので棄却するという判決）により選挙を無効と判断しないことがやむを得ないとしても、「次の違憲判決では選挙を無効とする」と警告すべきです。そして、２度目の違憲判決では、事情判決を用いず、当該各選挙全体が無効であると判断すべきです。

　衆議院小選挙区選挙の選出議員と参議院選挙区選挙の選出議員がともに当選無効で不在になったとしても、衆参共に比例代表選出議員が選出されている以上、その各議員だけで衆参の選挙制度をそれぞれ比例代表選挙だけにする法律改正をおこなうべきでしょう。そして、衆議院は一定の周知期間を確保してから解散・総選挙がおこなわれるべきです。

●比例代表制が最も中立公正

　憲法は選挙制度について以上の要請をしていると解されますので、立法府は、選挙制度を法律で定めるときには、それらの要請に応える選挙制度を採用すべきです。そうすると、前述の憲法上の要請全てに最も的確に応えられるのは、比例代表制しかないでしょう。比例代表制は、最も中立・公正でもあります。したがって、衆参のいずれの選挙制度も比例代表制にすべきです。

　その際、全国１区の比例代表制が投票価値の平等を保障する点でも最適ですが、複数の選挙区（ブロック制度なども）を設ける場合でも、投票前も投票後（時）も投票価値の平等を保障するために各選挙区の議員定数を投票数に比例

して確定するもの、すなわち、「定数自動決定式比例代表制（小林良彰『現代日本の選挙』東京大学出版会・1991年、170～233頁）を採用すれば、全国1区の比例代表制でなくても問題は生じません。

いずれにせよ、衆議院の選挙制度も参議院の選挙制度も比例代表制を採用すべきです。このような私見に対しては、"憲法が二院制を採用しているのだから参議院の選挙制度は衆議院の選挙制度とは異なるものにすべきである"との批判が予想されます。

しかし、憲法は衆参議員の各任期を異にし、参議院には解散と内閣不信任決議権を認めず、衆議院の優越を明記しているうえに、参議院は半数改選なのですから、選挙制度は基本的に同じであっても、いわゆる同日選挙を回避すれば、十分に二院制の存在意義を認めることができます。

日本は連邦制を採用していませんし、参議院議員も戦前の貴族院議員とは違い民選による議員である以上、参議院も衆議院と同じように民意の正確・公正に反映することが要請されていますし、それだけを追求すれば良いのです。

衆議院の多数派と参議院の多数派が逆転することは二院制を採用している以上生じるでしょうが、両院とも比例代表制なら民意に基づかない逆転を回避することができます。

4 供託金制度、立候補制限の問題

● 被選挙権の保障と矛盾する供託金制度

公選法によると、国民が衆議院の小選挙区選挙に立候補するには300万円、比例代表選挙に立候補するには600万円（ただし、重複立候補者なら300万円）を用意しなければならず、そのうえ、比例代表名簿登載者（候補者）の人数が多い場合には「当選者の2倍までの人数分」（例えば、当選者が3名なら6名まで）の供託金は返還されますが、「当選者の2倍を超える人数分」（前記例なら6名を超える候補者の分）の供託金は没収されてしまうのです（選挙公営を受け

た場合、その費用も支払わなければなりません）。参議院の場合も基本的には同じ
です（表4-2を参照）。

表 4-2　公職者を選出する選挙における供託金とその没収点

選挙	金額	供託金没収点
衆議院小選挙区	300万円	有効投票総数÷10
衆議院比例代表	600万円※	当選者の2倍を超える人数分
参議院選挙区	300万円	有効投票総数÷議員定数÷8
参議院比例代表	600万円	当選者の2倍を超える人数分
都道府県知事	300万円	有効投票総数÷10
都道府県議会議員	60万円	有効投票総数÷議員定数÷10
指定都市の長	240万円	有効投票総数÷10
指定都市の議会議員	50万円	有効投票総数÷議員定数÷10
指定都市以外の市長	100万円	有効投票総数÷10
指定都市以外の市議会議員	30万円	有効投票総数÷議員定数÷10
町村長	50万円	有効投票総数÷10
町村議会議員	なし	

※比例、小選挙区重複立候補の場合は300万円

出典：小澤隆一・志田なや子・小松浩・井口秀作『ここがヘンだよ日本の選挙』学習の友社・2007年、92頁。

　しかし、これでは、ほとんど制限選挙と変わらなくなってしまいますから、
憲法が保障する被選挙権の不当な侵害です。ですから、供託金制度は廃止され
なければなりません。たとえ残念ながら一気に廃止できないとしても、せめて
供託金の金額を大幅に引き下げ、没収を廃止または没収点を引き下げるべきで
す。

● 比例代表選挙の不当な立候補要件

　また、衆参の比例代表選挙においては、現行の法律によると個人では立候補
できません。政治団体でも立候補の要件を充足させるのは容易ではありませ
ん。

　例えば、これまで国政選挙に立候補したことがなく国会議員が一人もいない
新しい政治団体・政党が、衆議院の比例代表選挙の全てのブロック（11ブロッ

ク）に候補者を擁立しようとすると、各ブロックで議員定数の「10分の2以上」の数の候補者を比例代表名簿に登載しなければなりません（表4-3を参照）。

　ということは、現行の議員定数を前提にすると、前述の供託金を最低41名分で計2億4600万円を用意し供託しなければならないのです。個人だけではなく、新しい政治団体・政党にとっては、とても簡単に用意できる金額ではなく、事実上、立候補を断念させるほどの要件です（表4-4を参照）。

表 4-3　衆参各比例代表選での立候補要件（3要件の1つ以上を要充足）

選挙	立候補するために、いずれかを充足しなければならない要件
衆議院 比例代表 選挙	衆議院議員又は参議院議員を5人以上有すること
	直近の衆参の選挙で有効投票の総数の100分の2以上であること
	当該選挙において、この項の規定による届出をすることにより候補者となる衆議院名簿登載者の数が当該選挙区における議員の定数の10分の2以上であること
参議院 比例代表 選挙	衆議院議員又は参議院議員を5人以上有すること
	直近の衆参の選挙で有効投票の総数の100分の2以上であること
	当該参議院議員の選挙において候補者（比例代表選挙の立候補の届出をすることにより候補者となる参議院名簿登載者を含む）を10人以上有すること

表 4-4　衆院比例代表選の各ブロック議員定数と最低立候補者

ブロック	議員定数	議員定数の「10分の2以上」の候補者数
北海道	8人	2人
東北	13人	3人
北関東	19人	4人
南関東	22人	5人
東京都	17人	4人
北陸信越	11人	3人
東海	21人	5人
近畿	28人	6人
中国	11人	3人
四国	6人	2人
九州	20人	4人
計	176人	41人

これでは、憲法が普通選挙を採用し被選挙権を保障していることと矛盾しています。したがって、現行の法律上の立候補要件を撤廃し、政党以外の団体や無所属の個人にも立候補を認め、比例代表選挙でも被選挙権を不当に侵害しないよう法律改正する必要があります。

第5章
議員定数削減と改憲論への批判、選挙制度改革私案

1 保守政党が議員定数削減を叫ぶ理由

●財界の完全小選挙区制の要求

　1994年の「政治改革」を推進し「成功」に導いた「民間政治臨調」の会長を務めた亀井正夫氏は、1983年9月の講演で「政治改革」の必要性を説いていました（亀井正夫「行政改革の理念」『改革への道』創元社・1984年）。その後、1988年に「リクルート事件」、1992年に「ゼネコン汚職事件」が発覚したことに乗じて、従来の保守政治を新自由主義と新保守主義（軍事大国化）へと変質させるために「政治改革」が強行されました（詳細については、上脇博之『誰も言わない政党助成金の闇』日本機関紙出版センター・2014年、第1章を参照）。

　その「政治改革」では、すでに第1章で紹介したように、衆議院の選挙制度を中選挙区制から小選挙区中心の選挙制度（小選挙区比例代表並立制）に改めると同時に、500を超えていた議員定数を500へと減員しました。そのときの議員定数の内訳は小選挙区選挙が300で、比例代表選挙が200でした。その後、2000年から比例代表選挙の議員定数を20減員して180にし、総定数を480へと

減員しました（小選挙区選挙は300のまま）。

　その後も、政治資金のスポンサーである経済界、例えば、経済同友会は、「「政権を選択する」という観点から見ると、やはり衆議院には「比例区」という夾雑物が混じり込んでいると言わざるを得ない」「経済同友会がかねてから主張している通り、衆議院は「完全小選挙区制」への移行を早期に進めるべきである。「中選挙区制」復活論などは論外である」と主張しました（経済同友会2004年度政治の将来ビジョンを考える委員会『わが国「二院制」の改革―憲法改正による立法府の構造改革を』2005年5月20日）。

●財界への応答と目先の選挙対策

　財界の単純小選挙区制への移行要求を受けて、保守政党は議員定数削減を国政選挙で主張し続けました（詳細については、上脇博之『なぜ４割の得票で８割の議席なのか』（日本機関紙出版センター・2013年、第５章を参照）。

　国会は、議員定数不均衡の「是正」を口実に、衆議院の議員定数を475、さらに465へと減員してきました（表1-4を参照）。

　2016年参議院通常選挙では議員定数削減に反対する政党もありました（日本共産党）が、議員定数削減を主張する政党もありました。民進党は「議員定数のさらなる削減をめざします」と、おおさか維新の会は「議員定数の３割削減」に加えて「将来的な一院制の導入」を、それぞれ公約に掲げました。

　2017年衆議院総選挙でも、立憲民主党は「議員定数削減」、希望の党は「大胆な議員定数の削減。一院制の導入の論議を始める」、日本維新の会は「議員定数の３割削減。将来的な一院制の導入」を、それぞれ公約に掲げました（表5-1を参照）。

　保守政党が議員定数削減を主張し続けていることは、自民党の場合、政治資金のスポンサーである経済界の要求に応えている面もあるのですが、野党の場合、自公政権による新自由主義政策の強行による生活破壊に対する庶民の不満に表向き応えようとするもので、目先の選挙対策でもあります。

第５章　議員定数削減と改憲論への批判、選挙制度改革試案　85

表 5-1　2016 年参院選と 2017 年衆院選での議員定数に関する公約

2016 年参議院通常選挙	民進党	衆参両院の一票の較差是正と、議員定数のさらなる削減をめざします。
	日本共産党	民意が届く選挙制度に改革します。
		"民意を削減する" 国会議員定数の削減に反対します。
	おおさか維新の会	議員定数の 3 割削減。将来的な一院制の導入。
2017 年衆議院総選挙	立憲民主党	議員定数削減。
	希望の党	大胆な議員定数の削減。一院制の導入の論議を始める。
	日本維新の会	議員定数の 3 割削減。将来的な一院制の導入。

2 国会議員は少なすぎる

●国際的には日本の国会議員は少ない

　日本の衆参両院の国会議員総数は 1994 年「政治改革」以降 710 名〜 752 名（衆議院 465 名〜 500 名＋参議院 242 名〜 252 名）です。この国会議員定数が削減される中においても「多い」としてその削減を主張する人々は、議員総数 535 名のアメリカと比較していました。

　しかし、アメリカは連邦制であり、かつ大統領制の国です。日本のような議会制民主主義の国ではありません。アメリカと比較するのは間違いです。ですから、単純な国際比較をすべきではありませんが、強いて国際比較すると、日本の国会議員は多すぎるとは言えません。むしろ少ないのです（表 5-2 を参照）。

　9 年前（2008 年）の資料ですが、例えば、イギリスにおける人口の数は日本のほぼ半分で約 6077 万人ですが、両院の議員数は日本のそれ（当時、衆議院 480、参議院 242、計 722）の倍近くの 1388 名です。国会議員 1 人当たりの当時の人口は、日本では 17.6 万人ですが、イギリスでは 4.4 万人です。もし、日本の衆参の国会議員数をイギリス並みにすれば 2902 名になるので、その計算だと 2180 名増やさなければならないことになります。

また、スウェーデンの人口は912万人しかいませんが、議員の数は一院制なのに349名もいます。もし日本の衆参の国会議員数をスウェーデン並みにすれば4862名になるので、4140名増やさなければならないことになります。

表5-2　国会議員の定数等の国際比較

国名	人口	上院定数	下院定数	合計	上院議員1人当たりの人口	下院議員1人当たりの人口	両院議員1人当たりの人口
アメリカ	3億582万人	100名	435名	535名	305.8万人	70.3万人	57.2万人
中国	13億1448万人	—	2987名	2987名	—	44.0万人	44.0万人
ロシア	1億4250万人	168名	450名	618名	84.8万人	31.6万人	23.1万人
台湾	2293万	—	113名	113名		20.3万人	20.3万人
日本	1億2705万人	242名	480名	722名	52.5万人	26.5万人	17.6万人
韓国	4822万人	—	299名	299名	—	16.1万人	16.1万人
ドイツ	8259万人	69名	598名	667名	119.7万人	13.8万人	12.4万人
カナダ	3297万人	105名	308名	413名	31.4万人	10.7万人	8.0万人
フランス	6164万人	343名	577名	920名	18.0万人	10.7万人	6.7万人
イタリア	5888万人	315名	630名	945名	18.7万人	9.3万人	6.2万人
イギリス	6077万人	742名	646名	1388名	8.2万人	9.4万人	4.4万人
デンマーク	544万人	—	179名	179名		3.0万人	3.0万人
スウェーデン	912万人	—	349名	349名		2.6万人	2.6万人
ノルウェー	470万人	42名	127名	169名	11.2万人	3.7万人	2.8万人
フィンランド	527万人	—	200名	200名		2.6万人	2.6万人

出典：国立国会図書館調査及び立法考査局政治議会調査室・課（2008年11月20日）。ただし、簡略にしているので数字は概数・概算であることに注意していただきたい。人口は2007年の数字（推定のものも多い）。紹介する国の順番は上脇が変更した。

●終戦直後と比較しても少ない

　現在の衆議院の議員定数は465です。しかし、終戦直後の1946年衆議院選の有権者数は約3688万人で衆議院の議員定数は466でした。現在は終戦直後の議員定数よりも少なくなってしまいました。

　2012年衆議院総選挙における有権者数は約1億609万人でした。有権者数は約2.88倍になっているのですから、衆議院の議員定数は、戦後直後の466の

2.88倍、すなわち1342であってもよい計算になります。

1947年の人口は約7810万人で、2017年の人口は約1億2672万人です。人口は1.62倍になっているので、衆議院の議員定数は755であってもいい計算です。

参議院の議員定数も同じように計算すると、増員してもいい計算になります。現在の定数は242ですが、1947年には総定数250（全国選出議員100、地方選出議員150）で出発しました。これを、有権者数を基準にして2.88倍すると720になり、人口数を基準にして1.62倍すると405になります。

衆参各院の議員定数は国際比較しても少ないのですが、終戦直後の有権者数や人口数で比較しても少ないのです。ですから、議員定数削減の主張は間違っています。むしろ、議員定数は民意を国会に反映させるために、もっともっと増やすべきなのです。

●国会議員はムダではない

例えば、2009年8月30日衆議院総選挙で、民主党（当時）は、「ムダづかいをなくすための政策」として「衆議院の比例代表定数を80削減します」とも公約していました（『民主党 政権政策Manifesto』）。

しかし、国会議員は税金の無駄遣いではありません。政党が国会議員を税金の無駄遣いというのは、自己否定しているようなものです。本気で、そう思っているのなら、自党の議員の当選を辞退すべきです。

また、民主党は参議院の議員定数も40程度削減すると公約していましたが、衆参合計で120の議員定数削減をしても、その税金の総額は当時の議員歳費の金額で計算すると約84億円程度です（表5-3を参照）。

表5-3　議員定数120削減した場合の公金削減分の試算

項目	1人分	120人分
議員歳費	約2139.4万円	約25億6728万円
文書通信交通滞在費	1200万円	14億4000万円
立法事務費	780万円	9億3600万円
秘書の人件費（3人分）	約3042万円（衆） 約2610万円（参）	約34億7760万円
合計	約7017.4万円	約84億2088万円

ただし、立法事務費は上記の金額に議員数を乗じて会派に交付される。

本気で税金の無駄遣いを止めるのなら他にやるべきことがあります。例えば政党交付金年間約318億円を廃止することです。

●官僚依存政治から脱却するなら国会議員の増員を

国会議員の削減を主張していた民主党（当時）は、官僚依存政治を批判し、脱「官僚政治依存」を唱えていますが、両主張は全く矛盾するものです。これまでも強大な官僚機構に十分対抗できていないのに、国会議員を減らしたら、もっと対抗できないでしょう。国会議員を減らして官僚依存政治からの脱却を図るというのは、机上の空論です。

本気で脱「官僚政治依存」を実現するなら国会議員はむしろ、もっともっと増やすべきです。

3 見直しを求める世論

●2012年総選挙のマスコミ報道

私は小選挙区選挙の問題点・弊害を指摘し続けてきました。例えば、郵政選挙となった2005年衆議院総選挙結果について、次のように指摘し批判しました。

「今回の総選挙では、自民党は得票率47.8％で、なんと73％の議席占有率なのに、民主党は得票率36.4％で議席占有率は17.3％にとどまった。得票率の差は11.4％なのに、議席占有率の差は55.7％もある」「選挙制度は特定の政党や、大政党同士の「白か黒かのオセロゲーム」のためにあるのではない。本来は主権者国民のためのものである。「虚構の上げ底政権」をつくり上げるために主権者の投票を利用すべきではない」（上脇博之「これはほんとうに『民意』なのか―小選挙区制がもたらした自民圧勝」『世界』745号・2005年11月号）

しかし、これまでマスメディアは必ずしも小選挙区選挙を厳しく批判してきたわけではありません。ところが、2012年12月16日衆議院総選挙で自民党が圧勝したことについて、マスメディアはこれまでにない反応を示し、小選挙区

選挙による弊害・問題点を指摘しました。

「自民得票4割、議席8割」(東京新聞)、「衆院選：得票率と獲得議席に大きな乖離」(毎日新聞)、「極端な振り子、自民も不安」(産経新聞)、「自民の比例得票率、大敗した前回選とほぼ同じ」(読売新聞)、「投票率最低なのに…選挙区の無効票『過去最高』」(朝日新聞)、「衆院選の小選挙区、『無効』最多204万票」(日経新聞)などです。

自民党の石破茂幹事長(当時)も2012年12月17日の「テレビ朝日」の番組で、衆議院の選挙制度の小選挙区比例代表並立制について「(2005年の)郵政選挙、(2009年の)政権交代選挙、今回の選挙と、ものすごく民意が振れた。選挙制度はこれでいいのかという議論はやっていかなければならない」と述べ、与野党で見直しを検討すべきだとの考えを示しました。

また、大敗を喫した民主党の城島光力氏も「死に票がかなり出たということをどう考えるのか」、みんなの党の渡辺喜美代表は「選挙制度に相当問題がある」、新党改革の舛添要一代表も「2割ぐらいの政党支持率で、議席をここまで取る選挙制度がいいのだろうか」と疑問を呈しました。

これらに呼応するかのように国民の間でもインターネット上で小選挙区選挙を批判し、見直しを主張する意見が噴出しました。

● 選挙制度の見直しを求める世論

時事通信が2013年1月11〜14日に実施した世論調査によると、衆院選の小選挙区比例代表並立制について「見直すべきだ」と答えた人が68.2％に上り、「現行制度のままでよい」の20.2％を大きく上回り、支持政党別では、見直し派は、自民党支持者69.3％、民主党支持者63.8％で、日本維新の会支持者83.1％、公明党支持者64.2％、みんなの党支持者73.5％もあったというのです(「衆院選挙制度、見直し派68％＝与野党協議に影響−時事調査」時事通信2013年1月20日14時20分)。

私は、2012年衆議院総選挙の結果を分析して、改めて小選挙区選挙の弊害・問題点を再確認しました(詳細は上脇博之『なぜ4割の得票で8割の議席なのか』日本機関紙出版センター・2013年)。

小選挙区の投票率は過去最低の59.32％。

死票は3730万票で投票総数の56％。

自民党は惨敗した2009年より比例代表で219万票も減らしたのに圧勝。

自民党は小選挙での得票率43％なのに議席占有率は79％。

294議席獲得した自民党は比例配分試算すると133議席程度。

●国会は動かず

しかし、民自公三党はこの民意に誠実に応えるべきでしたが、残念ながら応える動きさえありませんでした。2016年の参議院通常選挙、2017年の衆議院総選挙で小選挙区選挙の廃止を訴えるのは、日本共産党と社民党だけでした（表5-4を参照）。

表5-4　2016年参院選と2017年衆院選での小選挙区選挙廃止公約

2016年参議院通常選挙	共産党	民意が届く選挙制度に改革します。多くの「死に票」が生まれ、投票した過半数の民意が切り捨てられる小選挙区制を廃止します。
	社民党	若者とともに、クリーンな政治を実現します。多様な民意が議席数に反映するよう、比例代表を中心とした選挙制度へと抜本改革します。
2017年衆議院総選挙	共産党	衆議院選挙制度について、小選挙区比例代表並立制を廃止し、民意を正確に反映する比例代表制への抜本改革を行います。議員総定数は元に戻し、全国11ブロックを基礎とした比例代表制にすることを提案します。
	社民党	多様な民意が議席数に反映するよう、比例代表を中心とした選挙制度へと抜本改革します

4 どのような比例代表制がいいのか

●様々な比例代表制

本書第4章で論述したように、選挙制度に関する憲法の要請に十分応えることができるのは、比例代表選挙だけです。もっとも、比例代表制と言っても、

一つしかないわけではありません。

例えば、参議院のそれのように全国を一つの選挙区にしたものや、衆議院のそれのようにブロック制にしたもの、あるいは選挙区を都道府県制にしたものなどが考えられます。

どれを採用するのかは、憲法から直接帰結されるのではなく、政策的な判断になります。ただし、後者の２つの場合には、ブロックごと、都道府県ごとに立候補している政党や政治団体の議席を算出するやり方よりも、全国集計するやり方の方が憲法の要請にきちんと応えるものと言えるでしょう。

とりあえず、衆議院の場合には小選挙区選挙を全廃して比例代表選挙１本にし、参議院の場合には選挙区選挙を全廃し比例代表選挙１本にしてはどうでしょうか。また、複数の選挙区を設けるとしても、各選挙区の定数が投票後に決定される定数自動決定式を採用するのがベストです。

いずれの場合であれ、議員の総定数を事前に決めておく方法だけではなく、議員数が投票後に投票数に比例して変動する方法もあります。後者では、投票数に比例して総定数（議員数）の増減が生じます。

また、政党など名簿提出団体が名簿登載者の順位を事前に決めている拘束名簿式にするのか、名簿登載者の順位を有権者が投票で決定する非拘束名簿式にするのかも、政策論です。私は、有権者には個人も選択したいという意識があるので、非拘束名簿式比例代表制を採用すべきであると考えていますが、拘束名簿式比例代表制に全面反対の立場ではありません。

●議員定数は多いほど良い

比例代表制を採用した場合でも、その議員定数は幾つかの理由で多い方が良いでしょう。

第１に、憲法の要請である社会学的代表としての"国民の縮図"の精度を高めるためには、議員定数は多い方が良いのです。言い換えれば、議員定数が少なければ、"国民の縮図"が不十分にしかつくれず、大政党の過剰代表が生じてしまうのです。例えば、今の衆議院の比例代表選挙は、定数は176（その前は180、その前は200）しかないうえに、11ブロックごとの議員定数が少ないので、大政党の過剰代表が生じています。

例えば、2012年総選挙における比例代表選挙で自民党は180議席のうち57議席を獲得し、議席占有率は31.7％でしたが、全国集計した得票率は27.6％でした（表5-5）。

　この過剰さは、小選挙区選挙の場合と比べると大きくはないですが、比例代表選挙にしては大きいので、過剰代表となっていると評さざるを得ないのです。その原因は、各ブロックの議員定数が少ないからです。ブロック制を採用し続けるのであれば、前述したように投票後に各ブロックの選出議員数が決まる定数自動決定式比例代表制を採用すべきです。

表 5-5　2012 年衆院選の比例代表選の結果

政党名	獲得議席数	議席占有率	比例代表得票率
自民党	57 人	31.7％	27.62％
日本維新の会	40 人	22.2％	20.38％
民主党	30 人	16.7％	16.00％
公明党	22 人	12.2％	11.83％
みんなの党	14 人	7.8％	8.72％
日本共産党	8 人	4.4％	6.13％
日本未来の党	7 人	3.9％	5.73％
社民党	1 人	0.6％	2.36％
新党大地	1 人	0.6％	0.58％
新党改革	0 人	0％	0.22％
国民新党	0 人	0％	0.12％
計	180 人	100％	100％

　議員定数が多い方が良い理由の第2は、「国会内多数派＝内閣」対「国会内少数派」という現代的権力分立制からの要請に応えるためです。国会内少数派が民意に比例した議席をきちんと獲得でき、内閣や与党をチェックできるようになるからです。膨大な量の法律案や予算案、それらの関連資料に目を通し、政府や与党をチェックするためには、国会議員、特に少数野党の存在が不可欠になります。国会議員は少数精鋭でよいというのは非現実的であり幻想です。

　第3に、以上のことを通じて国会の審議が活性化するからです。内閣・政府をチェックする気のない与党、特に自民党の国会議員はこれまで、あえて質問

しなくてもよいと評さざるを得ないような内容でした。

例えば、自民党の谷川弥一衆議院議員は2016年11月30日に衆議院内閣委員会でおこなわれた「特定複合観光施設区域の整備の推進に関する法律案」（通称カジノ解禁法案）の質疑中に突然「般若心経」を唱え出してその解釈を語り出したり、「時間が余ったのでついでに聞いてくれ」などと言い出し、カジノとは全く関係のないご自身の地元の長崎五島列島への郷土愛を語り始めました。

ですから、内閣をチェックする気のない与党の過剰代表をなくし、内閣をきちんとチェックする野党議員の議席を正当に確保して、その議員のために国会での質問時間を十分確保すべきです。そうすれば、国会審議は活性化します。

● 衆議院は定数600比例代表制、参議院は定数300比例代表制に

私はより具体的な選挙制度を2つ提案します。

第1案としては、衆議院の場合には小選挙区選挙を全廃して比例代表（ブロック制）選挙一本にし、参議院の場合には選挙区選挙を全廃し比例代表（全国1区）選挙一本にするという案です。

衆参の議員定数については、すでに指摘したように国際的に比較しても終戦直後と比較しても少なすぎますし、財界政治・官僚依存政治からの脱却を本気で目指すために、衆議院の議員定数を現在の465から600に増員し、衆議院をチェックする機能を高めるために参議院の議員定数を現在の242から300に増員することを私は提案します。

衆議院の場合、議員定数を600にするのであれば、11のブロック制を維持してもいいでしょう。ただし、各政党等の議席は全国集計して比例配分されるようにし、かつ各ブロックの各定数は投票後に投票数の多寡に比例して決定される「定数自動決定式」を採用すべきです。この方式であれば、投票価値の平等が投票前だけではなく投票後も保障されますし、社会学的代表の要請等にも確実に応えることができるからです。

参議院は、半数改選なので法定議員定数を300にしても事実上の議員定数は150しかないので、現在の全国一区のままにすべきです。

私の以上の提案では、現在より衆議院議員を135名、参議院議員を58名、そ

れぞれ増員（計193名増員）することになります。議員1人当たりに要する年間費用（期末手当を含む議員歳費約2150万円、文書通信交通滞在費1200万円、立法事務費760万円、秘書3人分の人件費［衆議院平均約3042万円、参議院平均約2610万円］）は、衆議院の場合で約7152万円、参議院の場合で約6720万円。以上の内訳で193名増員すると（衆議院議員135名増員で96億5520万円、参議院議員58名で38億9970万円）、合計135億5280万円が必要になると算定されます。

この135.5億円余りの公金についてはどうやって工面するのか、と問われるでしょうが、政党交付金は年間約319億円ですから、このうちの42.5％程度を回せば実現できることが分かります。ですから、衆参の国会議員を193名（衆議院議員135名、参議院議員58名）増員することは、決して実現不可能な増員ではありません。

なお、これまでの議員定数を前提にすれば、「参議院議員よりも衆議院議員の方が定数は多い」のが常識なのかもしれませんが、"参議院は半数改選ですから衆議院よりも議員定数が多くなければ民意の正確・公正な反映は実現しない"と考える立場の方が理に適っていそうです。そうすると、将来、参議院の議員定数は衆議院の議員定数600よりも多くしてもいいでしょう。

仮に600にするには、さらに約201.6億円が必要です。政党交付金は約117億円余りが残っていますから、議員歳費を少し減額して政党交付金の残りを全額投入すれば参議院議員600の定数実現は可能になりますし、一気に300増員するのではなく徐々に増員するやり方であれば実現可能性は高まるでしょう。

無所属や新しい政党・政治団体の立候補を容易にするために、全国1区で立候補するか、特定のブロックだけに立候補するのかなど、選択の余地を広く認めるようにすべきでしょう。

● 衆議院は10万票に、参議院は30万票に1議席

もう一つの案は、議員定数を事前に決めない比例代表制です。具体的には、"衆議院は10万票毎に1議席"、"参議院は30万票毎に1議席"を獲得するという比例代表制であり、投票数の多寡で議員数を増減させることになります。

この案で試算してみましょう。衆議院議員については2017年総選挙の比例代表選挙における各政党の得票数で、参議院議員については2016年通常選挙

の比例代表選挙における各政党の得票数で、それぞれ試算すると（ただし、衆議院も全国1区として試算）、衆議院の議員数は定数465よりも86多い551になり、参議院の議員数は事実上の定数121よりも20多い141になります。しかし、衆議院では過剰代表されていた自民党は議席を減らしますが、過少代表されていた他党は議席を増やします。参議院では全政党が議席を増やします（表5-6を参照）。

表 5-6　2017 年衆院選と 2016 年参院選の結果と比例試算

2017 年衆議院総選挙の結果と比例票での試算				2016 年参議院通常選挙の結果と比例票での試算			
政党名	当選者数	比例代表選挙得票数	試算（10 万票で1 議席）	政党名	当選者数	比例代表選挙得票数	試算（30 万票で1 議席）
自民党	281 人	約 1855 万票	185 人	自民党	55 人	約 2011 万票	64 人
公明党	29 人	約 697 万票	69 人	公明党	14 人	約 757 万票	25 人
希望の党	50 人	約 967 万票	96 人	民進党	32 人	約 1175 万票	39 人
日本維新の会	11 人	約 338 万票	33 人	おおさか維新の会	7 人	約 515 万票	17 人
立憲民主党	54 人	約 1108 万票	110 人	生活の党と山本太郎となかまたち	1 人	約 106 万票	3 人
日本共産党	12 人	約 440 万票	44 人	日本共産党	6 人	約 601 万票	20 人
社民党	2 人	約 94 万票	9 人	社民党	1 人	約 153 万票	5 人
日本のこころ	0 人	約 8 万票	0 人	日本のこころを大切にする党	0 人	約 73 万票	2 人
幸福実現党	0 人	約 29 万票	2 人	幸福実現党	0 人	約 36 万票	1 人
新党大地	0 人	約 22 万票	2 人	新党改革	0 人	約 58 万票	1 人
支持政党なし	0 人	約 12 万票	1 人	支持政党なし	0 人	約 64 万票	2 人
				国民怒りの声	0 人	約 46 万票	1 人
無所属	26 人			無所属	5 人		
合計	465 人		551 人	合計	121 人		141 人

　この方式では、「投票すれば自分の代表者を送り出せる」という意識になるので、衆参の国政選挙における投票率を引き上げることにも役立つでしょう。

5 ベターな選挙制度改革案

●超過議席なしの併用制、中選挙区比例代表併用制

　以上の２つの私案のうちのいずれかの選挙制度が一気に採用されることを切望していますが、もちろん、そうなるとは限りませんから、その選挙制度に至るまでの過渡期の選挙制度について検討せざるを得ないことを、一切否定するわけではありません。そこで過渡的な案についても提案しておきましょう。

　ドイツの連邦議会の選挙制度は小選挙区比例代表併用制と呼ばれています。これは基本的には比例代表制で、当選者を決定するときに小選挙区選挙の選挙結果を尊重するにすぎません。私は、ドイツの「併用制」を「小選挙区制を内包した比例代表制」と呼び、日本の「並立制」を「比例代表制を付加した小選挙区制」と呼んでいます。

　日本の衆議院の「並立制」が小選挙区中心であるのに比べ、ドイツの「併用制」は基本的には比例代表制なので、現行の「並立制」よりも優れた選挙制度でしょう。大政党を説得し、合意を得やすいので悪くはありません。

　しかし、小選挙区選挙を内包しているので有権者の投票行動を大政党に誘導することになるおそれがありますし、また当選者を決定する際に小選挙区選挙で１位の候補者を優先して当選者にする仕組みなので大政党は比例代表選挙によるよりも多くの議席数を獲得できます（超過議席）から、比例代表選挙の長所がその分歪められてしまいます。日本では特にその弊害が大きくなると予想されますので、超過議席が出るようであれば歓迎できません。

　逆に言えば、ドイツでも問題となっている超過議席を一切認めないか、あるいは、小選挙区の定数を極端に少なくするか（例えば、議員定数を600または500にし、そのうち小選挙区100）すれば、併用制も、前述の完全比例代表選挙に移行する過渡期のものとして、ベターなのではないでしょうか。

　中選挙区比例代表併用制も考えられます。これは、超過議席を出さないのであれば小選挙区比例代表併用制より、ベターな案でしょう。

● 参議院の大選挙区比例代表併用制

　参議院議員を選出する選挙制度についても以上と同様の提案をします。

　具体的には、参議院の選挙区選挙につき、事実上の1人区・2人区をなくし、大選挙区選挙（もっと広域の「合区」またはブロック制）にし、それと全国1区の比例代表選挙との併用制に改めるべきです。

●「9ブロック非拘束名簿式比例代表制」案

　選挙区選挙と比例代表選挙の両方を一緒に見直す案として、2010年12月22日、参議院の西岡武夫議長（当時）は、参議院の各会派に対し「参議院選挙制度の見直しについて（たたき台）」を提示しました。その内容は、現行の都道府県単位の選挙区選挙を廃止し、現行の全国単位の比例代表選挙をブロック単位の非拘束名簿式比例代表制に改編するものであり、各ブロックの議員定数は総定数（242名）を人口比例により配分するというものです。

　これによると、各ブロックの法定議員定数は12〜44、つまり事実上の議員定数は6〜22になり（表5-7を参照）、投票価値の最大格差は2010年参議院通常選挙時の有権者数で比較すると1.153になります。

　この議長案は、ベストではありませんが、これまで提案されてきた参議院議員の選挙制度改革案の中では最も本気で検討に値する案でしょう。選挙区選挙を廃止し、総定数を削減せず比例代表制に改める案だからです。

　もっとも、国会への民意の反映の精度を高めるためには議員定数は多い方が良いわけですから、総定数が242しかないのにブロック制を採用すると各ブロックの議員定数は少なくなるので、あえてブロック制にする必要があるのか疑問です。北海道ブロックの事実上の議員定数は6しかなく民意を正確・公正に反映する比例代表制の長所を削いでしまい、大政党の過剰代表と小政党の過少代表を生み出しかねないからです。

　それゆえ、ブロック制にこだわるのであれば、総定数を倍増するなど大幅に増員するか、もしくは、北海道ブロックと東北ブロック（事実上の議員定数9）を一緒にし（北海道・東北ブロック）、九州・沖縄ブロック（同14）と中国・四国ブロック（同11）を一緒にする（九州・沖縄・中国・四国ブロック）など、ブ

ロックの数をもっと減らし、各ブロックの事実上の議員定数を議長案よりも大きくすべきです。

また、議長案は、投票前だけではなく投票時における議員定数不均衡をも是正しなければならないという憲法要請の点でも不十分です。現行の全国一区や定数自動決定式の方が優れているといえますが、議長案も、総定数を維持したうえで、ブロック数を減らし、各ブロックの議員定数を増やせば、是正の方向に少しでも向かうでしょう。

したがって、議長案は改善して成立させるべきです。

たとえ議長案を一歩前進として小政党等が妥協し、同案をそのまま採用したとしても、それは、あくまでも過渡的なものであり、将来はベストな完全比例代表制に移行すべきです。

表 5-7　参院議長案「9 ブロック非拘束名簿式比例代表制」（議員定数 242）

ブロック名	該当都道府県	法定の議員定数	事実上の議員定数
北海道	北海道	12 人	6 人
東北	青森、岩手、宮城、秋田、山形、福島	18 人	9 人
北関東信越	茨城、栃木、群馬、新潟、長野	22 人	11 人
南関東	埼玉、千葉、神奈川、山梨	44 人	22 人
東京	東京	24 人	12 人
中部	富山、石川、岐阜、静岡、愛知、三重	32 人	16 人
関西	福井、滋賀、京都、大阪、兵庫、奈良、和歌山	40 人	20 人
中国・四国	鳥取、島根、岡山、広島、山口、徳島、香川、愛媛、高知	22 人	11 人
九州・沖縄	福岡、佐賀、長崎、熊本、大分、宮崎、鹿児島、沖縄	28 人	14 人
計		242 人	121 人

法定の議員定数は、議長案では「配当議席数」と表記されており、有権者数により算出されたものである。

6 選挙制度の改憲論への批判

●「参議院の合区解消」の改憲論とその問題点

改憲政党の中には、衆参の選挙制度についての憲法改正論を主張する政党があります。

一つは、第1章で解説した2016年参議院通常選挙で生じた「参議院の合区」（鳥取県と島根県、徳島県と高知県）を解消することを口実にした憲法改正論です。2017年衆議院総選挙で自民党は「参議院の合区解消」について「党内外の十分な議論を踏まえ、……初めての憲法改正を目指す」と公約していました。

実は、自民党「日本国憲法改正草案」（2012年）は、「各選挙区は、人口を基本とし、行政区画、地勢等を総合的に勘案して定めなければならない」と定める条文を盛り込んでいました（第47条）。「行政区画、地勢等」を勘案するとなると、投票価値の平等の保障は後退することになります。つまり、自民党の「参議院の合区」解消の改憲論は、参議院だけではなく、衆議院も含め、議員定数不均衡問題を放置したり、徹底した是正をせず、投票価値の平等を保障しなくても違憲にはならないように目論んでいるのです。

その前提として、衆議院の小選挙区選挙や参議院の選挙区選挙を廃止する気がないことが分かりますし、また将来的には、比例代表選挙の廃止さえ意図しているのではないかとの危惧も生じます。

参議院の「合区」については、合区された「鳥取県と島根県」「徳島県と高知県」とそれ以外の都道府県で不平等な取り扱いがなされているので、「合区」解消自体は妥当ですが、その際に、投票価値の平等を犠牲にする方法ではなく、投票価値の平等を実現することも同時に目指すべきです。そうであれば、参議院の選挙区選挙自体を廃止し、比例代表選挙1本にすれば良いのです。

衆議院の小選挙区の場合も同じで、投票価値の平等を実現するためには、小選挙区選挙自体を廃止し比例代表選挙1本にすれば良いのです。

●「一院制」論とその問題点

　もう一つは、先に紹介した「一院制」論です（表5-1を参照）。これは、国会改革の一つですが、議員定数削減論の一面もあるので、議員定数削減論への前述の批判が「一院制」論にも同様に妥当します。

　加えて、そもそも二院制は慎重な審議を可能にする制度です。一方の院で賛成多数で法案が通過してももう一方の院では反対多数で否決する場合や、世論の反対で継続審議にする場合もあるからです。「一院制」論は、それに逆行する改憲論であり、慎重な審議を軽視する憲法改悪論です。

あとがき

　小選挙区制が導入されたのは1994年の「政治改革」でしたが、私は、その前から「政治改革」を政治改悪として批判してきました（例えば、上脇博之「これでいいのか小選挙区制と政党助成」『法学セミナー』46号・1993年11月号）し、その後も批判してきました（例えば、上脇博之「これはほんとうに『民意』なのか─小選挙区制がもたらした自民圧勝」『世界』745号・2005年11月号）。

　しかし、私が執筆したものは、雑誌『世界』を除き、法律学の専門書・専門雑誌でした。そこで、2011年には、一般の方々にも読んでいただけるよう単著『議員定数を削減していいの？　ゼロからわかる選挙のしくみ』（日本機関紙出版センター）を出版し、共著（坂本修・小沢隆一・上脇博之）『国会議員定数削減と私たちの選択』（新日本出版社）でも執筆しました。

　前者では、衆参の選挙制度だけではなく、地方議会の選挙制度についても取り上げ、衆議院における小選挙区選挙、参議院における選挙区選挙、1人区・2人区の多い都道府県議会等の選挙が民意を歪曲する非民主的な選挙制度であることを指摘し、議員定数削減を批判しました（小選挙区選挙に絞って問題点を指摘し批判したものとして、上脇博之「比例定数削減問題と"真の政治改革"─小選挙区を廃止し比例代表制に！」『治安維持法と現代』23号・2012年春季号）、同「国会と選挙制度の抜本改革の行方」『法と民主主義』475号・2013年1月号も参照）。

　その後、2013年には再び一般の方々向けの単著『なぜ4割の得票で8割の議席なのか』（日本機関紙出版センター）と単著『安倍改憲と「政治改革」』（同）を出版しました。

　前者は、2011年の前記単著の内容から地方議会の選挙制度の部分（参照、上脇博之『どう思う？　地方議員削減』日本機関紙出版センター・2014年）を除き、衆参の選挙制度についての部分を残し、若干の加筆・修正をおこない、2012年12月の衆議院総選挙の結果の分析を書き加え、緊急出版するものでした。

同書では、民意を歪曲したオセロゲームのような選挙はもう止めるべきだと訴えました。後者では、さらに、当時の安倍改憲論との相互関連も指摘し、小選挙区制の廃止を訴えました。

　マスメディアは、すでに2012年総選挙における小選挙区制の弊害・欠陥を指摘する報道をしましたし、保守政党の中からも同様の指摘をする声が上がりましたので、小選挙区選挙の廃止を含めた選挙制度の抜本的見直しが期待できる、過去にない状況でした。

　しかし、抜本的改革はおこなわれませんでした。それでも、私は専門雑誌等で同旨の主張を訴え続けました（上脇博之「2014年12月衆議院解散・総選挙と小選挙区選挙問題」『月刊憲法運動』438号・2015年2月号、同「小選挙区選挙・政党助成と対米従属・財界政治」『法と民主主義』500＋501号・2015年7・8・9月合併号、同「小選挙区比例代表並立制の導入」長谷部恭男編『論究憲法』有斐閣・2016年春号・17号を参照）。

　昨2017年10月22日の衆議院総選挙でも小選挙区選挙の重大欠陥が「効果」を発揮してしまい、暴走してきた安倍政権を継続させました。その選挙から20日後、あけび書房の久保則之代表から、本書の出版のお誘いをいただきました。このような機会を与えていただいたことに対し厚く感謝申し上げます。ありがとうございました。

　本書は、衆参の選挙制度が憲法の要請に基づき、政治的に中立・公正な選挙制度に改革され、真の議会制民主主義を実現するための理論と運動の一助になることを切に願って緊急出版するものです。

　「市民と立憲野党の共闘」においても私見の立場・提案が採用されることを期待しています。

　　　　　　　　　2018年1月14日　　　　　　　　　上脇 博之

上脇 博之（かみわき ひろし）

1958年7月、鹿児島県姶良郡隼人町（現在の霧島市隼人町）生まれ。
鹿児島県立加治木高等学校卒業。関西大学法学部卒業。神戸大学大学院法学研究科博士課程後期課程単位取得。
日本学術振興会特別研究員（PD）、北九州市立大学法学部講師・助教授・教授を経て、2004年から神戸学院大学大学院実務法学研究科教授、2015年から同大学法学部教授。
専門は憲法学。2000年に博士（法学）号を取得（神戸大学）。
憲法運動、市民運動の分野では現在、「憲法改悪阻止兵庫県各界連絡会議」（兵庫県憲法会議）事務局長、「政治資金オンブズマン」共同代表、公益財団法人「政治資金センター」理事など。

◆研究書・単著：『政党国家論と憲法学』（信山社、1999年）、『政党助成法の憲法問題』（日本評論社、1999年）、『政党国家論と国民代表論の憲法問題』（日本評論社、2005年）。
◆共著：播磨信義・上脇博之・木下智史・脇田吉隆・渡辺洋編著『新どうなっている⁉日本国憲法〔第2版〕〔第3版〕』（法律文化社、2009年、2016年）など。
◆一般向けブックレット単著：『誰も言わない政党助成金の闇』（日本機関紙出版センター、2014年）、『財界主権国家・ニッポン』（日本機関紙出版センター、2014年）、『告発！政治とカネ』（かもがわ出版、2015年）、『追及！ 民主主義の蹂躙者たち』（日本機関紙出版センター、2016年）、『追及！ 安倍自民党・内閣と小池都知事の「政治とカネ」疑惑』（日本機関紙出版センター、2016年）、『日本国憲法の真価と改憲論の正体』（日本機関紙出版センター、2017年）など。
◆一般向け共著：坂本修・小沢隆一・上脇博之『国会議員定数削減と私たちの選択』（新日本出版社、2011年）。

ここまできた小選挙区制の弊害

2018年2月1日　第1刷発行

著　者——上脇　博之
発行者——久保　則之
発行所——あけび書房株式会社

102-0073　東京都千代田区九段北1-9-5
☎ 03.3234.2571　Fax 03.3234.2609
akebi@s.email.ne.jp　http://www.akebi.co.jp

組版／キヅキブックス　印刷・製本／モリモト印刷
ISBN978-4-87154-158-9 C3036